Desirée Simões Silva

Gesundheitliche Chancengleichheit in Brasilien

Desirée Simões Silva

Gesundheitliche Chancengleichheit in Brasilien

Ein Überblick über den Umgang mit der Gesundheit indigener Kinder durch Hochschulen und Verwaltungseinrichtungen

ScienciaScripts

Imprint

Any brand names and product names mentioned in this book are subject to trademark, brand or patent protection and are trademarks or registered trademarks of their respective holders. The use of brand names, product names, common names, trade names, product descriptions etc. even without a particular marking in this work is in no way to be construed to mean that such names may be regarded as unrestricted in respect of trademark and brand protection legislation and could thus be used by anyone.

Cover image: www.ingimage.com

This book is a translation from the original published under ISBN 978-620-2-40407-5.

Publisher:
Sciencia Scripts
is a trademark of
Dodo Books Indian Ocean Ltd. and OmniScriptum S.R.L publishing group

120 High Road, East Finchley, London, N2 9ED, United Kingdom
Str. Armeneasca 28/1, office 1, Chisinau MD-2012, Republic of Moldova, Europe
Printed at: see last page
ISBN: 978-620-5-93536-1

Copyright © Desirée Simões Silva
Copyright © 2023 Dodo Books Indian Ocean Ltd. and OmniScriptum S.R.L publishing group

ZUSAMMENFASSUNG

KAPITEL 1	2
KAPITEL 2	6
KAPITEL 3	14
KAPITEL 4	17
KAPITEL 5	34
KAPITEL 6	38
KAPITEL 7	40

KAPITEL 1

ERSTE ÜBERLEGUNGEN

Gleich zu Beginn des Grundstudiums der Krankenpflege und des Studiums, genauer gesagt im zweiten Studienabschnitt, entdeckte ich, dass meine wahre Begabung im Bereich der öffentlichen Gesundheit lag. Nachdem ich diese Affinität zu diesem großen Wissensbereich im weiten Feld der Gesundheit entdeckt hatte, konnte ich im Laufe der Zeit verfeinern, was mich in diesem Bereich wirklich interessierte, so dass ich motiviert war, mein Wissen zu vertiefen. Bei dieser Suche stieß ich auf den Teilbereich der indigenen Gesundheit, ein Bereich, der oft vernachlässigt wird und in dem es im Vergleich zu anderen Themen an Veröffentlichungen mangelt. Dadurch wurde mir klar, wie wichtig es ist, dass es akademische Studien gibt, die sich mit der Gesundheit der indigenen Völker Brasiliens befassen.

Das indigene Gesundheitswesen in Brasilien wird von der Nationalen Gesundheitsstiftung (FUNASA) verwaltet. 1999 wurde das so genannte "Arouca-Gesetz" oder Gesetz 9.836/1999 erlassen, mit dem das Subsystem für die indigene Gesundheitsversorgung als Teil des einheitlichen Gesundheitssystems (SUS) eingerichtet wurde. Da dieses Teil des SUS ist und das Gesetz 8.080/1990 integriert, folgt es denselben organisatorischen und doktrinären Prinzipien wie das SUS. Um jedoch die indigene Kultur zu schützen, wird das Konzept der differenzierten Betreuung angewandt. Darunter versteht man laut Silveira (o.J., S. 1) "soziokulturell angepasste Gesundheitsmaßnahmen, die die kulturellen, epidemiologischen und logistischen Besonderheiten bei der Versorgung indigener Gemeinschaften berücksichtigen".

Als ich mit der systematischen Lektüre über die Gesundheit der indigenen Völker in Brasilien begann, stellte ich fest, dass ein Thema mich dazu veranlasste, eine größere Anzahl von Fragen zu stellen, die immer mit dem Thema der Gesundheit der indigenen Kinder in Brasilien und der hohen Kindersterblichkeitsrate unter diesen Völkern zusammenhingen. So beschloss ich, die wichtigsten Gesundheitsprobleme, die diese Kinder betreffen, als Untersuchungsgegenstand einzugrenzen.

1.1. Hintergrund

Die Gesundheit indigener Völker ist ein Wissensgebiet, das sich ständig weiterentwickelt, und da es sich um ein Thema handelt, das insbesondere von Pflegefachkräften relativ wenig erforscht wird, stelle ich es als ein aktuelles und immer noch aktuelles Thema vor, das sicherlich zur Verbesserung der Pflege beitragen wird, die von Fachkräften dieser Kategorie, die mit diesen Völkern arbeiten, vorgestellt wird.

Im Jahr 1999 wurde das Gesetz 9.836 oder Arouca-Gesetz verabschiedet, mit dem das

Subsystem für die indigene Gesundheitsversorgung im SUS eingerichtet wurde (SANTOS *et al.*, 2008). Im Rahmen dieses Teilsystems wurde das multidisziplinäre indigene Gesundheitsteam (EMSI) eingerichtet, das sich aus Krankenschwestern, Ärzten, Zahnärzten, Krankenpflegehelfern und indigenen Gesundheitsbeauftragten zusammensetzt und an dem Anthropologen, Pädagogen, Sanitäringenieure und andere für notwendig erachtete Techniker und Spezialisten beteiligt sind (Nationale Gesundheitsstiftung - FUNASA, 2009).

Die EMSI arbeiten in den Basisstationen, die den Basisgesundheitseinheiten des einheitlichen Gesundheitssystems entsprechen und die erste Anlaufstelle für die in den Dörfern tätigen indigenen Gesundheitsagenten (AIS) darstellen.

Bei der Erhebung von Daten über den Gesundheitszustand brasilianischer indigener Kinder haben wir eine hohe Kindersterblichkeitsrate (IMR) festgestellt, wie im folgenden Ausschnitt dargestellt:

> Ein wichtiger Indikator für die Lebensbedingungen einer Bevölkerung ist die Säuglingssterblichkeitsrate (IMR). [...] In den letzten Jahren wurde eine Verlangsamung (oder Stabilisierung) dieses Rückgangs festgestellt, wobei die in der indigenen TMI beobachteten Werte höher sind als die für die nationale Gesellschaft registrierten (SANTOS *et al.*, 2008, S. 1041).

In Anbetracht dessen wird die große Anfälligkeit der indigenen Völker im Vergleich zur übrigen nationalen Gesellschaft deutlich (COIMBRA JR.; SANTOS; ESCOBAR[1] , 2003; GARNELO; MACEDO; BRANDÃO[2] , 2003; SANTOS *et al*[3] , 2008 *apud* NATIONAL COMMISSION ON SOCIAL DETERMINANTS OF HEALTH, 2008).

Zu den Faktoren, die zu dem aussagekräftigen Ergebnis der Kindersterblichkeitsrate im Vergleich zu den indigenen Völkern beitragen, gehört die Unterernährung als schwerwiegendes Gesundheitsproblem, von dem mehr als ein Viertel der Kinder unter 5 Jahren betroffen ist und das sogar die Hälfte der Kinder erreichen kann (SANTOS; COIMBRA JR.[4], 2003 *apud* GIOVANELLA *et al.*, 2008).

Um die Epidemiologie und die Dynamik der Krankheiten brasilianischer indigener Kinder und die verschiedenen Formen der Betreuung/Behandlung zu verstehen, werde ich eine Analyse des von FUNASA herausgegebenen Handbuchs zur Gesundheitsversorgung brasilianischer indigener Kinder durchführen.

1.2. Gegenstand der Studie

Die wissenschaftliche Produktion über die Gesundheitsprobleme brasilianischer indigener Kinder wurde anhand der in Bireme / VHL indexierten wissenschaftlichen Produktion analysiert.

1.3. Leitende Fragen

- Wie behandelt die Nationale Gesundheitsstiftung (FUNASA) das Thema der Gesundheit indigener Kinder mit Hilfe des Handbuchs über die Gesundheitsfürsorge für brasilianische indigene Kinder?
- Welches sind nach den wissenschaftlichen Veröffentlichungen, die in Bireme / VHL veröffentlicht wurden, die wichtigsten Gesundheitsprobleme, von denen indigene Kinder betroffen sind, und welche sollten von der Verwaltungsbehörde bei der Ausarbeitung von gesundheitspolitischen Maßnahmen für Kinder aus diesen Bevölkerungsgruppen vorrangig behandelt werden?

1.4. Zielsetzungen

1.4.1. Allgemein
- Aufzeigen der Gefährdungssituation brasilianischer indigener Kinder im Vergleich zu Kindern, die anderen Teilen der nationalen Gesellschaft angehören.

1.4.2. Spezifische
- Analyse der Arbeit der Nationalen Gesundheitsstiftung (FUNASA) zum Thema Gesundheit indigener Kinder anhand des Handbuchs über die Gesundheitsfürsorge für brasilianische indigene Kinder.
- Identifizierung der wissenschaftlichen Produktion in Zeitschriften, die in Bireme / VHL indexiert sind, über die Gesundheitssituation von brasilianischen indigenen Kindern.

1.5. Rechtfertigung/Relevanz der Studie

Die Relevanz der Studie ergibt sich aus der Initiative, sich mit einem Thema zu befassen, das im Vergleich zu anderen Wissensgebieten im Gesundheitsbereich noch wenig erforscht ist. Auf diese Weise wird es möglich sein, ein wenig über die besonderen Probleme der indigenen Gesundheit in Brasilien zu erfahren. Darüber hinaus trägt die Studie zur Vertiefung des Wissens über die Gesundheitssituation der brasilianischen indigenen Kinder bei, die ausgewählt wurden, weil sie eine Gruppe darstellen, die sich wirtschaftlich und soziokulturell von der brasilianischen Bevölkerung unterscheidet.

Diese Studie wird auch dazu beitragen, die Gründe für die Existenz des Subsystems für die indigene Gesundheitsversorgung zu verstehen, das einen wichtigen Schritt nach vorne für die Gesundheitspolitik des Landes darstellt, und zwar im Lichte des Verständnisses des Grundsatzes der

Gleichheit, der auf der Nationalen Gesundheitskonferenz[a] als integraler Bestandteil des einheitlichen Gesundheitssystems vorgeschlagen wurde.

Wenn wir die aktuelle Gesundheitssituation der brasilianischen indigenen Kinder untersuchen, was anhand der Morbiditätsstudien möglich ist, die auf der Grundlage der Informationen durchgeführt werden, die monatlich von den speziellen indigenen Gesundheitsbezirken (Dsei) entsprechend der Anzahl der ambulanten Konsultationen an die Abteilung für indigene Gesundheit (Desai) der Nationalen Gesundheitsstiftung (FUNASA) übermittelt werden, können wir leicht feststellen, dass Stoffwechselkrankheiten (Unterernährung und Stoffwechselstörungen) häufige Krankheiten sind (FUNASA, 2004).

Laut dem technischen Bericht der Nationalen Indianerstiftung (FUNAI) aus dem Jahr 1998 waren die häufigsten Todesursachen bei indigenen Kindern unter fünf Jahren Unterernährung, Atemwegsinfektionen, Enteroparasitose, Durchfall, Malaria und Tuberkulose (FUNASA, 2004).

Trotz der Komplexität des Bildes mit einer hohen Kindersterblichkeitsrate unter den indigenen Völkern ist seit der Einführung des Subsystems für indigene Gesundheitsversorgung im Jahr 1999 ein Rückgang zu beobachten. Dies ist auf mehrere Faktoren zurückzuführen, unter anderem auf die Verbesserung der lokalen Hilfe, die Kontrolle übertragbarer Krankheiten, die Erhöhung der Impfquote und die Verbesserung der Wasserqualität in den Gemeinden (FUNASA, 2004).

Ein weiterer wichtiger Punkt in dieser Untersuchung ist die Erkenntnis, dass:

> Die Kinderbetreuung sollte nicht fragmentiert werden, d. h. nur als Teil der medizinischen Tätigkeit, unabhängig von der pflegerischen Tätigkeit oder losgelöst von der komplexeren Betreuung in spezialisierten Referenzeinheiten gesehen werden. Die Betreuung sollte umfassend sein, und die Kinderbetreuungsberatung muss implementiert oder sogar implantiert werden, damit die Ganzheitlichkeit und Intersektoralität effektiv hergestellt werden (FUNASA, 2004).

Schließlich ist diese Studie gerechtfertigt, da sie zu einer Analyse des Handbuchs über die Gesundheitsfürsorge für brasilianische indigene Kinder beiträgt und dessen Bedeutung und Grenzen aufzeigt.

KAPITEL 2

ÜBERPRÜFUNG DER LITERATUR

2.1 Das politische und epidemiologische Panorama der Gesundheit der indigenen Völker in Brasilien

Um zu verstehen, was indigene Gesundheit ist und wie sie in Brasilien mit all ihren Besonderheiten abläuft, ist ein historischer Rückblick auf den Kampf der indigenen Bewegung und der Gesundheitsbewegung dringend erforderlich, damit der heutige Stand erreicht werden konnte, mit dem in Kraft getretenen Gesetz 9.836 von 1999, das das Organische Gesetz für das einheitliche Gesundheitssystem 8.080 von 1990 ergänzt.

Die erste spezifische Einrichtung, die sich mit den Problemen der indigenen Bevölkerung des Landes befasste, war der Serviço de Proteção ao Índio (SPI) im Jahr 1910. Der erste Versuch, den indigenen Völkern systematisch Gesundheitsdienste anzubieten, fand jedoch in den 1940er Jahren statt, nach einer von dem Arzt Noel Nutels organisierten Expedition, die als Roncador-Xingu-Expedition bekannt wurde (CARDOSO; SANTOS; COIMBRA JR., 2007, S. 75).

Diese Expedition diente dazu, die alarmierende Situation der Tuberkulose unter den Indianern aufzuzeigen. Auf der Grundlage dieser Entdeckung konnte 1952 ein Plan zur "Verteidigung der brasilianischen Indianer gegen Tuberkulose" ausgearbeitet werden. In diesem Plan wurde hervorgehoben, dass die Gesundheitsprobleme der Indianer mit der Armut in den ländlichen Gebieten Brasiliens zusammenhingen, und es wurde festgelegt, dass alle Personen, die das Indianerland betraten, einer Gesundheitskontrolle unterzogen werden sollten, wobei das Problem der ansteckenden Krankheiten stets im Vordergrund stand. Bei der Umsetzung umfassender sozialer Maßnahmen, die über das medizinisch-kurative Modell hinausgehen, sollte auch die Bevölkerung im Hinterland berücksichtigt werden (CARDOSO; SANTOS; COIMBRA JR., 2007, S. 76).

Nach Santos *et al.* (2008, S. 1043) wurde der Plan von Nutels zwar 1952 entwickelt, aber erst 1956 vom Gesundheitsministerium unter dem Namen Service of Aerial Health Units (Susa) in die Praxis umgesetzt und mit dem Nationalen Tuberkulosedienst verbunden. Er erreichte verschiedene Regionen, wie den Süden von Mato Grosso, den oberen Rio Negro und andere Regionen des Amazonasgebiets.

Trotz der ergriffenen Initiativen war Susa nicht in der Lage, die gesundheitliche Situation der ländlichen und indigenen Bevölkerung zu verändern, aber in bestimmten Fällen war es von grundlegender Bedeutung für einige epidemische Situationen und trug dazu bei, die Sterblichkeitsrate zu senken (SANTOS *et al.*, 2008, S. 1043).

Nach Cardoso; Santos & Coimbra Jr. (2007, S. 77) wurde das SPI 1967 abgeschafft und die

Nationale Indianerstiftung (Funai) gegründet. Diese neue Einrichtung organisierte die Gesundheitsdienste auf der Grundlage der Equipes Volantes de Saúde (EVS - Mobile Gesundheitsteams), einem aus Susa stammenden Konzept. Diese wurden an strategischen Punkten des Landes aufgestellt und mit den regionalen Büros der Nationalen Indianerstiftung (FUNAI) verbunden. Jedes Team sollte sich aus einem Arzt, einer Krankenschwester, einem Labortechniker und einem Zahnarzt zusammensetzen und über Transportmittel verfügen, die sie zu regelmäßigen Besuchen in die indigenen Dörfer unter ihrer Verantwortung bringen. Unterstützt werden sollte diese Strategie durch die "Casas do Índio", die dazu dienten, indigene Patienten während ihres Aufenthalts in der Stadt zur Inanspruchnahme der Gesundheitsdienste aufzunehmen. In der Praxis fungierten sie als "Apotheken" mit unregelmäßigen Medikamentenbeständen, für die in den meisten Fällen eine Krankenpflegehelferin und sehr selten eine Krankenschwester zuständig war.

Der Einsatz des EFD war zwar wirtschaftlich teuer, hatte aber aus Sicht der öffentlichen Gesundheit nur geringe Auswirkungen. Einige der Probleme, mit denen sie konfrontiert waren, waren: Mangel an Personal für die Erbringung der Dienstleistung, Mangel an Medikamenten und an der grundlegendsten medizinischen Ausrüstung. Daher wurden einige Behandlungen, die eigentlich von langer Dauer sein sollten, unterbrochen, wie zum Beispiel die Behandlung von Tuberkulose (CARDOSO; SANTOS; COIMBRA JR., 2007, S. 77).

Infolgedessen konzentrierte sich die primäre Gesundheitsversorgung auf die Frage der Medikamentenverteilung. Dieses Versagen der VSS wirkte sich allmählich auf die Casas do Índio in den Städten aus, die mit der steigenden Nachfrage überfordert waren. Aufgrund der politischen Instabilität innerhalb der FUNAI in den 1980er und 1990er Jahren wurde die Gesundheitsversorgung in den indigenen Gebieten zunehmend desorganisiert, was dazu führte, dass einige grundlegende Gesundheitsmaßnahmen, wie z. B. Impfungen, unterbrochen wurden (CARDOSO; SANTOS; COIMBRA JR., 2007, S. 77).

Nachdem wir uns mit dem historischen Prozess befasst haben, der sich nur auf die Maßnahmen bezieht, die für die Gesundheitsversorgung der indigenen Bevölkerung entwickelt wurden, ist es auch notwendig, die brasilianische Sanitärreformbewegung zu betrachten, damit es später möglich ist zu verstehen, wie die gegenwärtige Funktionsweise der indigenen Gesundheitsversorgung in Brasilien funktioniert.

Das einheitliche Gesundheitssystem (SUS) ist eines der vielen Ergebnisse der brasilianischen Gesundheitsreform, die offiziell Mitte der 1970er Jahre, während der politischen Übergangszeit in Brasilien, begann. Die Formulierung des Systems erfolgte auf der 8.ª Gesundheitskonferenz im Jahr 1986 und wurde in ihrem Abschlussbericht veröffentlicht. Als Sieg der brasilianischen Sanitärreformbewegung wurde es in der Bundesverfassung von 1988 (Constituição cidadã) in den Artikeln 196 bis 200 verankert. In Artikel 196 findet sich die sinnbildliche Formulierung "Gesundheit ist das Recht aller und die Pflicht des Staates", die das Gesundheitssystem als Recht aller brasilianischen Bürger charakterisiert.

Im Jahr 1990 wurden die beiden organischen Gesundheitsgesetze (8.080/90 und 8.142/90) erlassen, die unter anderem die Organisation des Gesundheitssystems, seine Leitlinien und die Beteiligung der Gemeinschaft regeln. Zu ihren Aufgaben gehören die Identifizierung und Verbreitung der Faktoren, die die Gesundheit und die Hilfe für die Menschen bedingen und bestimmen, durch Maßnahmen zur Gesundheitsförderung, zum Schutz und zur Wiederherstellung der Gesundheit, sowie die nationalen sektorübergreifenden Kommissionen (die dem Nationalen Gesundheitsrat unterstellt sind), die auf die Beteiligung der Zivilgesellschaft bei der Formulierung von Politiken und Programmen zählen, die für die Gesundheit von Interesse sind und nicht in den Bereich des SUS fallen (Gesetz 8.080/90 und 8.142/90, 1990).

(2007, S. 80) stellen fest, dass zur gleichen Zeit, als die historische 8. Nationale Gesundheitskonferenz 1986 stattfand, die 1. Nationale Konferenz zum Schutz der Gesundheit indigener Völker abgehalten wurde, auf der der Aufbau der heutigen Gesundheitspolitik für indigene Völker begann. Auf der damaligen 1. Nationalen Konferenz zum Schutz der Gesundheit der indigenen Bevölkerung wurde empfohlen, dass die Gesundheit der indigenen Bevölkerung vom Gesundheitsministerium über ein mit dem SUS verbundenes Subsystem koordiniert werden sollte. Es gab einen Vorschlag und eine Diskussion über Leitlinien zur indigenen Gesundheit.

[a] Santos *et al.* (2008, S. 1.047) stellen fest, dass 1993 die 2. Nationale Konferenz über Gesundheit für indigene Völker stattfand, deren Hauptthema die Festlegung von Leitlinien für eine nationale Gesundheitspolitik für indigene Völker und die Aktualisierung der Empfehlungen der U Conferência Nacional de Proteção à Saúde do Índio (Nationale Konferenz zum Schutz der Gesundheit indigener Völker) in Übereinstimmung mit dem Sistema Único de Saúde (Einheitliches Gesundheitssystem) war. Acht Jahre später, im Jahr 2001, fand die 3. Nationale Konferenz über die Gesundheit indigener Völker statt, auf der die Umsetzung der speziellen indigenen Gesundheitsbezirke (Dsei) bewertet und Fragen im Zusammenhang mit der Ernährungssicherheit und der Selbsterhaltung der indigenen Völker erörtert wurden. Schließlich wurde 2006 die 4. Nationale Indigene Gesundheitskonferenz abgehalten, deren Hauptthema die Debatte über die Gesundheitsproduktion, den Schutz des Lebens und die Wertschätzung der indigenen Traditionen in den Gebieten der Dsei war. Auf dieser letzten Konferenz stimmte das Schlussplenum dem Fortbestand der Nationalen Gesundheitsstiftung (Funasa) als Organ zur Verwaltung der indigenen Gesundheit sowie der politischen, finanziellen und technisch-administrativen Autonomie der Dsei zu. Dieser Schritt ist ein wichtiger Meilenstein im Bereich der indigenen Gesundheitspolitik, denn zwischen 1991 und 1994 wurde die Zuständigkeit für die Koordinierung der Gesundheitsmaßnahmen für die indigenen Völker auf das Gesundheitsministerium und von diesem auf die FUNAI übertragen

(durch den Ministerialerlass Nr. 23/1991 und den Ministerialerlass Nr. 1.Letztere war nur für kurative Fragen zuständig, während das Gesundheitsministerium weiterhin für Maßnahmen zur Gesundheitsförderung und Krankheitsprävention verantwortlich war, was zu einer Zweiteilung bei den Gesundheitsmaßnahmen für diese Völker führte.

Hervorzuheben ist auch die Bedeutung der 9. Nationalen Gesundheitskonferenz im Jahr 1992, auf der ein Modell für eine differenzierte indigene Gesundheitsversorgung verabschiedet wurde, das ein an das SUS angegliedertes Gesundheitsteilsystem darstellt. Dieses Modell wurde jedoch erst 1999 mit dem Gesetz Nr. 9.836, auch bekannt als Arouca-Gesetz, in Kraft gesetzt. Damit wurde im Rahmen des SUS das Subsystem für die indigene Gesundheitsversorgung geschaffen, das Regeln für eine differenzierte, an die sozialen und geografischen Besonderheiten der einzelnen Regionen angepasste Versorgung enthält. Dieses Gesetz ergänzte das Gesetz 8.080/90, das bereits allgemein das Recht dieser Minderheiten auf Gesundheit regelte. Dieses Untersystem wurde für die grundlegenden Gesundheitsmaßnahmen in den indigenen Gebieten zuständig, wobei es hierarchisch gegliedert und in die anderen komplexen Ebenen des Gesundheitssystems integriert ist. Ebenfalls im Jahr 1999 wurde mit dem Dekret Nr. 3.156 die nationale Politik für die Gesundheitsversorgung der indigenen Völker im Rahmen des SUS geregelt (CARDOSO; SANTOS; COIMBRA JR., 2007, S. 83).

Im Jahr 2004 wurde die Verordnung Nr. 70/2004 des Gesundheitsministeriums veröffentlicht, in der die Leitlinien für die Verwaltung der nationalen Politik für die Gesundheitsversorgung indigener Völker verabschiedet wurden, in denen die Pflicht verankert ist, den indigenen Völkern den Zugang zu einer umfassenden Gesundheitsversorgung zu gewährleisten und ihre Anfälligkeit für gesundheitliche Probleme zu verringern. Gemäß dieser Verordnung muss der derzeitige föderale Verwalter Funasa bei der Organisation des Gesundheitsversorgungsmodells stets die lokalen Gegebenheiten und die kulturellen Besonderheiten jedes dieser Völker berücksichtigen, wobei nicht nur die Gesundheitsversorgung, sondern auch die sanitäre Grundversorgung, die Ernährung, die Unterbringung, die Umwelt, die Landabgrenzung, die Gesundheitserziehung und die institutionelle Integration berücksichtigt werden. All dies geschieht in dem Bemühen, Maßnahmen zur Gesundheitsförderung zu entwickeln (SANTOS *et al.*, 2008, S. 1.048).

Das derzeitige Modell der indigenen Gesundheitsversorgung ist in Form der Dsei organisiert, die die Grundversorgung der in den Dörfern lebenden indigenen Bevölkerung durch die Tätigkeit multidisziplinärer indigener Gesundheitsteams (EMSI) nach dem Vorbild des Familiengesundheitsprogramms (PSF) sicherstellen müssen, die aus einem Arzt, einer Krankenschwester, einer Krankenpflegehelferin, einem Zahnarzt und einem indigenen Gesundheitsagenten (AIS) bestehen. Jedes Dsei verfügt über ein Netz von Gesundheitsdiensten, das stets mit dem SUS-Netz verbunden ist und an den Referenz- und Gegenreferenzmechanismen teilnimmt, die letzteres bilden. Innerhalb des Dienstleistungsnetzes der Dsei gibt es

Basisgesundheitseinheiten oder Base-Units. Jede Basiseinheit deckt eine Gruppe von Dörfern ab, und ihr Team übernimmt neben der Gesundheitsversorgung auch die Ausbildung und Überwachung der AIS. Die bereits erwähnten Casas de Saúde do Índio (CASAI) bilden ebenfalls das Referenznetz des Subsystems (SANTOS *etal.*, 2008, S. 1.048).

Die Finanzierung erfolgt aus den Mitteln des Gesundheitsministeriums und kann durch die Bundesstaaten und Gemeinden, in denen indigene Bevölkerungsgruppen ansässig sind, ergänzt werden. Sie kann auch Beiträge von internationalen Organisationen für gegenseitige Zusammenarbeit und vom Privatsektor erhalten. Die Mittel werden nach bevölkerungsbezogenen Kriterien, epidemiologischem Profil und geografischen Merkmalen verteilt. Die Ausführung der Leistungen kann direkt durch die Funasa, die Staaten oder die Gemeinden oder indirekt durch Nichtregierungsorganisationen, indigene Organisationen und derzeit auch durch Universitätsstiftungen erfolgen. Die soziale Kontrolle auf nationaler Ebene ist über die Intersektorale Kommission für indigene Gesundheit (Cisi) möglich, die ein beratendes Organ des Nationalen Gesundheitsrates ist (CARDOSO; SANTOS; COIMBRA JR., 2007, S. 85).

Das höchste beratende Gremium der Funasa in Fragen der indigenen Gesundheit ist das Ständige Forum der Präsidenten der indigenen Bezirksgesundheitsräte (Verordnung Nr. 644/2006), das beratenden, vorschlagenden und analytischen Charakter hat (CARDOSO; SANTOS; COIMBRA JR., 2007, S. 86).

Santos *et al.* (2008, S. 1.050) stellen fest, dass im Jahr 2000 das Informationssystem für die indigene Gesundheitsversorgung (Siasi) mit der Aufgabe geschaffen wurde, Informationen zur Überwachung der Gesundheit indigener Gemeinschaften zu sammeln, zu verarbeiten und zu analysieren. Die von Funasa auf der Grundlage der Siasi-Daten erstellten Berichte deuten jedoch auf die geringe Zuverlässigkeit der von Funasa zur Verfügung gestellten Daten hin.

Angesichts dieser Situation gibt es immer mehr Herausforderungen, die bei dem Versuch, die Qualität der Gesundheitsversorgung der indigenen Bevölkerung des Landes zu verbessern, bewältigt werden müssen. Zu den Herausforderungen gehören die Frage der Finanzierung, die sich nicht nur auf die indigene Gesundheitsversorgung beschränkt, sondern sich auf das gesamte SUS erstreckt; die unzureichenden personellen Ressourcen, die zumindest vorläufig eine Alternative in der Beauftragung von Fremdleistungen gefunden haben; die Wirksamkeit der "kulturell differenzierten" Versorgung; die korrekte Ausbildung und Betreuung der einheimischen Gesundheitsbeamten; die hohe Fluktuation des Personals im Dsei; die Unzulänglichkeit des Vertragsmodells für eine regelmäßige und organisierte Erbringung von Dienstleistungen; das Fehlen sektorübergreifender Maßnahmen und die Fragmentierung der Verfahren. Dies alles zusätzlich zum Fortbestehen von Gesundheitsprogrammen, die auf dem campanhista-Modell der Gesundheitsversorgung nach dem Vorbild der früheren Equipes Volantes de Saúde basieren (SANTOS *etal.*, 2008, S. 1.052).

Die Kenntnis des aktuellen Profils der indigenen Gesundheit in Brasilien ist äußerst kompliziert, da nach Coimbra Jr. *et al.* 2002; Coimbra Jr, 2008 *apud* Comissão Nacional Sobre Determinantes Sociais da Saúde (2008, S. 128) ist dies "sehr wenig bekannt, was auf den Mangel an Untersuchungen, das Fehlen von Umfragen und Zählungen sowie die Unsicherheit der Informationssysteme über Morbidität und Mortalität zurückzuführen ist". Und selbst wenn Daten zur Verfügung stehen, sind sie nicht völlig zuverlässig, denn fast immer beherrschen die Volkszähler die im Dorf gesprochene Sprache nicht, verstehen weder die soziale Organisation noch die saisonale und räumliche Dynamik der indigenen Gesellschaften. All dies führt zu Analysen, die fehlerhafte und widersprüchliche Ergebnisse liefern (COIMBRA JR.; SANTOS; ESCOBAR, 2003, S.16).

Bei der Behandlung des Themas Gesundheits- und Krankheitsprozess bei der indigenen Bevölkerung Brasiliens ist zu berücksichtigen:

> [...] neben der epidemiologischen und geografischen Dynamik auch die enorme soziale Vielfalt. Es gibt etwa 220 ethnische Gruppen, die rund 180 Sprachen sprechen und sehr unterschiedliche Erfahrungen mit der nationalen Gesellschaft haben. Die Schätzungen über die gesamte indigene Bevölkerung des Landes schwanken je nach Quelle zwischen 400 und 730 Tausend Menschen, was weniger als 1 % der brasilianischen Bevölkerung ausmacht (NATIONALE KOMMISSION FÜR SOZIALE GESUNDHEITSBEDINGUNGEN, 2008, S. 128).

Die Konsultation der Volkszählungsdaten für das Jahr 2000 hat ergeben, dass diese:

> [...] zeigen auch, dass die Säuglingssterblichkeitsrate der indigenen Bevölkerung im Jahr 2000 (51,4 pro Tausend) deutlich höher ist als die nationale Rate (30,1 pro Tausend). Die indigene Säuglingssterblichkeitsrate ist viel höher als die der anderen Gruppen der Hautfarbe/Rasse, einschließlich der "schwarzen" und "braunen" Kinder (34,9 bzw. 33,0 pro Tausend). Bemerkenswert ist auch die hohe Säuglingssterblichkeit der indigenen Bevölkerung in den sozioökonomisch am weitesten entwickelten Regionen des Landes (Südosten und Süden) (IBGE[5], 2005 *apud* NATIONAL COMMISSION ON SOCIAL DETERMINATES OF HEALTH, 2008, S. 129).

Die häufigsten Gesundheitsprobleme der brasilianischen Ureinwohner sind Infektions- und Parasitenkrankheiten, insbesondere Tuberkulose und Malaria. Auch akute Atemwegsinfektionen und Durchfallerkrankungen bei Kindern unter fünf Jahren sind weit verbreitet. Von Unterernährung ist etwa ein Viertel, wenn nicht sogar mehr als die Hälfte der indigenen Kinder betroffen. Eine weitere sehr häufige Krankheit unter der indigenen Bevölkerung ist die Eisenmangelanämie, die vor allem Kinder unter zehn Jahren und Frauen im gebärfähigen Alter betrifft (COIMBRA JR.; SANTOS; ESCOBAR[6] , 2003;

GARNELO; MACEDO; BRANDÃO[7] , 2003; FUNASA[8] , 2003, 2006; SANTOS *et al.*\ 2008; LEITE *et al*[w] , 2007 *apud* NATIONAL COMMISSION ON SOCIAL DETERMINANTS OF HEALTH, 2008, S. 129).

2.2 Die Gesundheit indigener Kinder in Brasilien

Nach einer kurzen geschichtlichen und epidemiologischen Einordnung der brasilianischen indigenen Völker ist es notwendig, die Gesundheitssituation der Kinder dieser Völker kurz zu kontextualisieren.

Die Nationale Gesundheitsstiftung (FUNASA) (2010, S.1) definiert die Prioritäten in der Gesundheitsversorgung indigener Kinder,

> [...] basieren auf der Überwachung des Wachstums und der Entwicklung von Kindern unter fünf Jahren, der Förderung des ausschließlichen Stillens in den ersten sechs Lebensmonaten, der Immunisierung und der Bekämpfung der häufigsten Kinderkrankheiten wie Durchfall und akute Atemwegserkrankungen, die als Hauptursachen für die Kindersterblichkeit gelten.

Anhand des obigen Fragments lässt sich feststellen, dass sich die mit indigenen Kindern zu entwickelnden Gesundheitsmaßnahmen nicht von den mit nicht-indigenen Kindern zu entwickelnden Aktivitäten unterscheiden. Es ist jedoch bekannt, dass diese Maßnahmen unter Berücksichtigung der Lebensweise der einzelnen ethnischen Gruppen durchgeführt werden sollten und angesichts der höheren Morbiditäts- und Mortalitätsraten, denen indigene Kinder ausgesetzt sind, intensiver entwickelt werden müssen.

Die Art und Weise, wie mit diesen Gemeinschaften im Gesundheitsbereich umgegangen wird, sollte immer differenziert sein, und die Angehörigen der Gesundheitsberufe, die für die Arbeit mit dieser Zielgruppe qualifiziert sind, sollten sich der Konzepte der Kultur und der differenzierten Aufmerksamkeit bewusst sein, damit ihre Aktivitäten auch tatsächlich wirksam sind. Nach Kroeber[11] (1949) *und* Laraia (1986, S. 49) wird Kultur als etwas verstanden, das über die genetische Vererbung hinausgeht, etwas, das das Verhalten des Menschen bestimmt und sein Handeln rechtfertigt. Daher wird davon ausgegangen, dass der Mensch nach seinen kulturellen Normen handelt, wobei seine Instinkte durch den langen evolutionären Prozess, den er durchlaufen hat, teilweise außer Kraft gesetzt wurden. Die Kultur erscheint als ein Mittel zur Anpassung an unterschiedliche ökologische Umgebungen, denn anstatt seinen biologischen Apparat zu verändern, verändert der Mensch seine überorganische Ausrüstung. Infolgedessen konnte der Mensch die Schranken der Umweltunterschiede überwinden und die ganze Erde in seinen Lebensraum verwandeln. Durch die Aneignung von Kultur ist der Mensch viel mehr auf das Lernen (Endokulturation) angewiesen als auf das Handeln durch genetisch bedingte Verhaltensweisen. Kultur ist ein akkumulativer Prozess, der sich aus der Gesamtheit der historischen Erfahrungen früherer Generationen ergibt, und dieser Prozess kann das schöpferische Handeln des Individuums, das sich in ihn einfügt, einschränken oder anregen.

Die von FUNASA vorrangig geplanten Gesundheitsmaßnahmen werden unterstützt, wenn Erkenntnisse über die Lebens- und Gesundheitsbedingungen dieser Völker ans Licht kommen. Unzureichende Lebensbedingungen, ein nicht immer gesundes häusliches Umfeld und das Fehlen grundlegender sanitärer Einrichtungen sind einige der vielen Faktoren, die hier angeführt werden könnten, um die Anfälligkeit zu verdeutlichen, der die indigenen Gemeinschaften Brasiliens ausgesetzt sind. Wie von Mondini *et al.* (2009, S. 470) aufgezeigt,

> [...] Diese Bevölkerungsgruppen zeichnen sich durch unzureichende Lebensbedingungen aus, da sie Faktoren wie der allmählichen Zerstörung der Ökosysteme, der Arbeitsmigration, dem Alkoholmissbrauch und der wahllosen Besiedlung des Landes durch andere Gruppen ausgesetzt sind, die eine wichtige Rolle bei der hohen Prävalenz von Krankheiten wie Malaria, Tuberkulose und, insbesondere bei Kindern, Atemwegsinfektionen, Parasiten, Durchfall und Unterernährung spielen.

Zu den von FUNASA (2010, S. 2) aufgezeigten Perspektiven) aufgezeigten Perspektiven zur Verbesserung der Gesundheitsversorgung von Kindern aus der indigenen Bevölkerung Brasiliens sind: Verbesserung des Systems zur Bewertung und Überwachung von Maßnahmen im Bereich der indigenen Gesundheit unter Berücksichtigung anderer Indikatoren wie des Anteils der Kinder unter fünf Jahren an der Bevölkerung und der Lebenserwartung bei der Geburt; Förderung der Einrichtung von Situationsräumen in den speziellen indigenen Sanitätsbezirken (Dsei) und Basispfählen mit der Kartierung und Registrierung von Dörfern oder Bevölkerungsgruppen mit erhöhtem Krankheits- und Sterberisiko; Einführung von Protokollen und Arbeitsabläufen in der umfassenden Gesundheitsversorgung, die auf Versorgungslinien und Lebenszyklen basieren; Wiederaufnahme der Ausbildung von indigenen Gesundheitsbeauftragten (AIS); Integration von Maßnahmen zur Untersuchung und Vorbeugung von Todesfällen bei Säuglingen mit Maßnahmen zur Untersuchung und Vorbeugung von Todesfällen bei Müttern; Priorisierung des ausschließlichen Stillens bis zu den ersten sechs Lebensmonaten als eine der wichtigsten Maßnahmen zur Gesundheitserziehung, -förderung und -vorbeugung; Stärkung von Partnerschaften zwischen FUNASA und anderen Institutionen (SVS / MS, Streitkräfte, SES, SMS, Universitäten), um eine Verbesserung der Qualität der Versorgung für die indigene Bevölkerung zu gewährleisten.

KAPITEL 3

METHODIK

3.1 Art der Studie

Es handelt sich um eine qualitative Untersuchung, die in zwei Etappen durchgeführt wird: eine bibliografische Übersicht über die wissenschaftliche Produktion der letzten 21 Jahre (1989 bis 2010) über die Gesundheit der brasilianischen indigenen Kinder und die andere Etappe bezieht sich auf die dokumentarische Analyse des Handbuchs über die Gesundheitsfürsorge für brasilianische indigene Kinder. Ein solcher zeitlicher Schnitt wurde aufgrund der Knappheit der Produktion in Bezug auf das Thema der vorliegenden Forschung gewählt, mit dem Ziel, eine umfangreichere Stichprobe für die Analyse zu sammeln.

Da es sich um eine qualitative Forschung handelt, werden keine mathematisch messbaren Methoden verwendet, sondern solche, die ein bestimmtes Phänomen beschreiben, verstehen und erklären (MINAYO[12] *apud* FIGUEIREDO; SOUZA, 2008, S. 98). Nach Minayo (1993, S. 13) geht die qualitative Forschung "von einer Bejahung der Qualität gegenüber der Quantität aus und spiegelt einen theoretischen Kampf zwischen positivistischen und extensivistischen Strömungen in Bezug auf die Erfassung von Bedeutungen wider".

Der bibliografische Charakter wird von Figueiredo und Souza (2008, S. 103) definiert als die Erhebung von Daten in "allen bereits veröffentlichten Bibliografien, die sich auf das untersuchte Thema beziehen".

Die Dokumentationsforschung ist eine wichtige Technik in der qualitativen Forschung, die entweder die durch andere Techniken gewonnenen Informationen ergänzt oder neue Aspekte eines Themas oder Problems aufdeckt (LUDKE und ANDRÉ, 1986).

> Dokumente sind eine mächtige Informationsquelle, deren Inhalt Beweise zur Unterstützung der Behauptungen und Aussagen des Forschers liefern kann. Sie sind nicht nur eine Quelle für kontextualisierte Informationen, sondern entstehen in einem bestimmten Kontext und liefern Informationen über eben diesen Kontext (LUDKE und ANDRE, 1986, S.39).

In der dokumentarischen Forschung beginnt die Analysearbeit bereits mit der Sammlung von Materialien, sie ist keine blinde und mechanische Anhäufung. Während er Informationen sammelt, arbeitet der Forscher seine Wahrnehmung des Phänomens aus und lässt sich dabei von den Besonderheiten des ausgewählten Materials leiten (LAVILLE; DIONE, 1999).

Die dokumentarische Forschung wählt ein Forschungsproblem und legt davon ausgehend einen Bereich fest, der in der Literatur (Bücher, Zeitschriften, Monographien, Dissertationen, Diplomarbeiten, Proceedings von gedruckten, elektronischen / digitalen Veranstaltungen usw.) recherchiert wird (MARCONI; LAKATOS, 2007).

Die dokumentarische Forschung ist der bibliographischen Forschung sehr ähnlich. Der Unterschied liegt in der Art der (handschriftlichen oder nicht handschriftlichen) Primärquellen, da sie sich auf Materialien stützt, die noch keine analytische Behandlung erfahren haben oder die je nach Forschungsproblem noch überarbeitet werden können. Primärdokumente können aus Archiven, Kirchen, Gewerkschaften, Institutionen usw. bezogen werden (GIL, 1999; MARCONI; LAKATOS, 2007).

Der bibliografische Charakter wird von Figueiredo und Souza (2008, S. 103) definiert als die Erhebung von Daten in "allen bereits veröffentlichten Bibliografien, die sich auf das untersuchte Thema beziehen".

3.2 Quelle der Daten

Für die bibliografische Recherche wurden alle Datenbanken von Bireme / BVS genutzt, die wissenschaftliche Arbeiten zum Thema der vorliegenden Untersuchung enthalten. Für die Dokumentationsrecherche wurde als Datenquelle das Handbuch über die Gesundheitspflege der brasilianischen indigenen Kinder verwendet.

3.3 Ethische Aspekte der Forschung

Für die Zwecke dieser Studie ist es nicht notwendig, den Beschluss 196/96 des Nationalen Gesundheitsrates anzuwenden, der die Richtlinien und Regulierungsstandards für die Forschung am Menschen festlegt, da es sich um eine bibliographische Untersuchung handelt.

3.4 Datenerhebung und -analyse

Die Suche nach wissenschaftlicher Produktion in Bireme / BVS zu dem untersuchten Thema erfolgte anhand der Deskriptoren, die von der *Website* Descriptors in Health Sciences (Decs) validiert wurden: indigene Gemeinschaften und Kinder.

Die Ergebnisse dieser Recherchen wurden in vier (4) Tabellen geordnet: Die erste ordnet die Daten nach den folgenden Kriterien: Zeitschrift, Autor, Artikel, Art der Veröffentlichung, VHL-Quelle und Nummer/Jahr der Veröffentlichung; die zweite Tabelle zeigt die wissenschaftlich-akademische Produktion von 1989 bis 2010 in Bezug auf die Gesundheit indigener Kinder; die dritte Tabelle zeigt die wissenschaftliche Produktion von 1989 bis 2010 in Bezug auf die Gesundheit indigener Kinder in Lateinamerika und die vierte Tabelle zeigt die wissenschaftliche Produktion von 1989 bis 2010 in Bezug auf die Gesundheit indigener Kinder in Brasilien, nach Art der Veröffentlichung. Auf jede Tabelle folgt unmittelbar die jeweilige Analyse der gefundenen Daten.

Die Einschlusskriterien waren: Aufnahme von Zusammenfassungen wissenschaftlicher Arbeiten, wie Monographien, Dissertationen und wissenschaftliche Artikel, Zusammenfassungen in

Portugiesisch, Spanisch und Englisch. Als Ausschlusskriterien wurden angenommen: Ausschluss von Artikeln, die sich mit erwachsenen Indianern befassen, mit Ausnahme von Überlegungen, und von Dokumenten, für die in den Datenbanken keine Zusammenfassungen verfügbar waren.

Für die Analyse des Handbuchs zur Gesundheitsfürsorge für indigene Kinder wurde die textliche Beschreibung der vorgelegten Daten verwendet.

KAPITEL 4

ERGEBNISSE

Die Ergebnisse werden in zwei Abschnitten präsentiert: Zunächst wird die Analyse des Handbuchs der brasilianischen indigenen Kindergesundheitsfürsorge vorgestellt und im zweiten Abschnitt werden die Daten aus der bibliographischen Recherche präsentiert.

4.1 Das Handbuch für die Gesundheitsfürsorge für brasilianische indigene Kinder: Bedeutung und Grenzen

Das Handbuch für die Gesundheitsversorgung indigener Kinder in Brasilien wurde in Zusammenarbeit zwischen der Nationalen Gesundheitsstiftung (FUNASA)/Gesundheitsministerium (MS) und der Brasilianischen Gesellschaft für Pädiatrie (SBP) erstellt und soll eine der Säulen für die Umsetzung der Nationalen Politik für die Gesundheitsversorgung indigener Völker sein.

Dieses Handbuch wurde mit dem Ziel verfasst, Gesundheitsfachleuten zu helfen, die mit indigenen Bevölkerungsgruppen auf dem nationalen Territorium arbeiten, in dem Bewusstsein, dass indigene Kinder ein Erbe für das Land darstellen, das wiederum bewahrt werden muss.

Damit dieses Handbuch den Fachleuten, die sich der Gesundheit der brasilianischen indigenen Gemeinschaften widmen, von Nutzen sein kann, hat die SBP eine epidemiologische Untersuchung der wichtigsten Gesundheitsprobleme durchgeführt, von denen brasilianische indigene Kinder verschiedener ethnischer Gruppen betroffen sind, so dass es möglich war, die Strategien zu skizzieren, die von den multidisziplinären indigenen Gesundheitsteams (EMSI) bei der Bewältigung der wichtigsten Gesundheitsprobleme, mit denen sie in ihrer täglichen Arbeit konfrontiert sind, angewendet werden sollten. Wir möchten jedoch einen Vorbehalt anbringen: Gleich bei der Präsentation wird darauf hingewiesen, dass sich der Text an das medizinische Fachpersonal richtet und damit die Leistungen der anderen Fachleute im EMSI unterschätzt, die den reichhaltigen Inhalt des Handbuchs nutzen können und sollten, um indigene Kinder zu betreuen, wie z. B. Krankenschwestern, Ernährungsberater, Zahnärzte usw.

Der Grund für die Erstellung eines spezifischen Handbuchs für brasilianische indigene Kinder ergibt sich aus der Erkenntnis, dass sich indigene Personen sozioökonomisch und kulturell von den anderen Personen der brasilianischen Bevölkerung unterscheiden und dass sie aus diesem Grund nach einer differenzierten Betreuungslogik betreut werden müssen. Dies ist eine der Grundlagen der Nationalen Politik für die Gesundheitsversorgung indigener Völker, da sie die Einführung von Maßnahmen und Dienstleistungsroutinen befürwortet, die auf das Pflegemodell eines ergänzenden Modells zum Einheitlichen Gesundheitssystem abzielen, nämlich das Subsystem für indigene Gesundheit. Dieses Subsystem zielt darauf ab, die Gleichheit im öffentlichen Gesundheitswesen zu fördern und darüber hinaus zu versuchen, den indigenen Völkern, die oft an schwer zugänglichen

Orten leben, Zugang zu Gesundheitsdiensten zu verschaffen und die Beteiligung der sozialen Akteure zu fördern, an die sich das Subsystem für indigene Gesundheit richtet, in diesem Fall die indigene Bevölkerung aller ethnischen Gruppen, die auf brasilianischem Gebiet leben.

Das Handbuch ist in fünf Punkte gegliedert, von denen jeder Unterpunkte enthält, die den vorherigen ergänzen. Die einzelnen Punkte sind wie folgt unterteilt:

- Punkt 1: Einführung in die indigene Gesundheit

    1.1)   Brasilianische indigene Völker: ihr Umgang mit Krankheiten und die Logik der angewandten Behandlung.

    1.2)   Arzt-Patienten-Beziehung: Wertschätzung kultureller Aspekte vs. traditionelle Medizin.

    1.3)   Westliche Medizin und indigene Medizin: für die Gesundheit brasilianischer indigener Kinder.

    1.4)   Indigene Völker: das Recht auf Gesundheit.

    1.5)   Humanisierung in der Betreuung indigener Kinder: Respekt vor dem Menschen in der Gemeinschaft, in der Ambulanz und im Krankenhaus.

In diesem ersten Teil erklärt das Handbuch klar und objektiv das Konzept der indigenen Gesundheit in Brasilien, wobei die kulturellen Unterschiede zwischen diesen Völkern und der nationalen Gesellschaft hervorgehoben werden, um die Notwendigkeit einer differenzierten Form der Betreuung dieser Völker zu begründen. Im einleitenden Teil wird der historische Kontext erläutert, in den diese Völker eingebettet sind, von der Zeit der Kolonisierung an, um die Auswirkungen auf die gesundheitlichen Bedingungen dieser Völker bis heute zu erklären. Anschließend werden die Unterschiede zwischen der traditionellen indigenen Medizin mit ihrer Struktur und ihren - oft religiösen - Überzeugungen und der westlichen Medizin erörtert, die versucht, die Kausalität von Krankheiten mit Aspekten zu erklären, die mit der Person, dem Ort und der Zeit des Auftretens der Krankheit zusammenhängen.

Es versteht sich von selbst, dass kulturelle Aspekte bei der Behandlung von Krankheiten nicht abgewertet werden dürfen, denn, wie eine Passage aus dem Handbuch selbst zeigt:

> Die meisten Patienten wenden sich an andere therapeutische Alternativen wie Hexendoktoren, Comadres, umbanda terreiros, spirituelle Zentren, religiöse Sekten und andere Quellen. Sie sind auf der Suche nach einer symbolischen Referenz, die ihnen andere Ebenen der Kausalität ihrer Krankheit bietet. Sie suchen nach anderen Formen der Behandlung, die ihnen Antworten auf Fragen geben, die die medizinische Wissenschaft nur selten beantworten kann: Warum ich? Warum jetzt? Die Patienten suchen nach Heilmitteln, die ihnen ihr Gleichgewicht zurückgeben, nicht nur biologisch, sondern auch ihre eigene soziokulturelle Identität, ihre Akzeptanz und ihr Willkommensein in ihrem sozialen Umfeld. Die übermäßige Aufwertung der Technologie und die Unersättlichkeit der

pharmazeutischen Industrie haben dieses Phänomen der Fehlanpassung der Arzt-Patienten-Beziehung noch verstärkt (FUNASA, 2004).

Dieses Fragment, das sich nicht nur auf indigene Bevölkerungsgruppen bezieht, zeigt, wie die Kultur den Einzelnen bei der Suche nach Gesundheitsfürsorge und Mitteln für den Zugang zu einer über die medizinische Behandlung hinausgehenden Versorgung beeinflusst. Sie versuchen, andere Gründe zu verstehen, die für ihre Krankheit verantwortlich sind. Auf diese Weise wird unterschiedliches Wissen in der Gesundheitsversorgung zusammengeführt.

Darüber hinaus werden Strategien aufgezeigt, die von Fachleuten bei der Betreuung indigener Völker angewandt werden sollten, um sie trotz der verschiedenen Barrieren, die bei ihrer Entwicklung auftreten, zu vermenschlichen. Ein Beispiel ist die sprachliche Barriere zwischen Indianern und Nicht-Indianern.

- Punkt 2: Nationale Politik zur Gesundheitsversorgung der indigenen Völker

2.1) Gesundheitliche Situation indigener Kinder in Brasilien.
2.2) Spezieller indigener Gesundheitsbezirk (Dsei).
2.3) Aktueller Stand der Gesundheit indigener Kinder.
2.4) Proportionale Sterblichkeit nach Altersgruppen.
2.5) Prävention.

In diesem zweiten Teil des Handbuchs wird die gesundheitliche Situation indigener Kinder in Brasilien anhand eines historischen Rückblicks auf die von der brasilianischen Regierung im Laufe der Jahre entwickelte Politik erläutert. Ziel ist es, die Gesundheitsfürsorge für indigene Bevölkerungsgruppen und ihre tatsächlichen Auswirkungen auf die Gesundheit dieser Bevölkerungsgruppen darzustellen.

Außerdem wird dargelegt, wie das indigene Gesundheitssubsystem strukturiert ist, das auf der Logik der Sanitätsbezirke beruht, und wie dies die Organisation der Gesundheitsdienste beeinflusst. Außerdem wird gezeigt, wie die Verbindung zwischen dem indigenen Gesundheitssubsystem und den anderen Organen des einheitlichen Gesundheitssystems in den Referenzgemeinden der Dörfer aussieht. In diesem Teil wird auch die Bedeutung der Einbindung der Familie als grundlegender Bestandteil der Betreuung des erkrankten Kindes erörtert, die ein kulturelles Merkmal der indigenen Völker ist. Die Familie begleitet das kranke Kind häufig bei der Überführung in die Casa de Saúde do Índio (Casai) in der Referenzgemeinde und bleibt dort, bis das Kind in sein Dorf zurückkehrt. Dieses Thema gewinnt im öffentlichen Gesundheitswesen an Bedeutung, insbesondere im Hinblick auf die Finanzierung von Gesundheitsfragen, da seine Auswirkungen deutlich spürbar sind, da anstelle von ausreichenden Mitteln für den Unterhalt eines Einzelnen zusätzliche Mittel für den Unterhalt einer Familie bereitgestellt werden müssen.

Die Hauptursachen für die Morbidität brasilianischer indigener Kinder werden ebenfalls vorgestellt, wobei der Schwerpunkt auf den Auswirkungen des Auftretens von Infektions- und Parasitenkrankheiten (IPD) und Erkrankungen der Atemwege liegt. Diese scheinen die Hauptursachen für Erkrankungen bei diesen Kindern zu sein. Zu den häufigsten Infektionskrankheiten gehören Helminthiasis, Diarrhöe, Mykose, Pedikulose, Tuberkulose und Malaria, wobei letztere in den Grenzregionen und im Amazonasgebiet, wo die Abholzung stärker ausgeprägt ist, aufgrund von Problemen im Zusammenhang mit dem biologischen Zyklus der Anophelinen, die als Vektoren an der Übertragung von Malaria beteiligt sind, häufiger vorkommt.

Sie zeigt auch den hohen Kindersterblichkeitskoeffizienten (IMC) indigener Kinder im Vergleich zu nicht-indigenen Kindern, was mit den besonderen kulturellen Gegebenheiten dieser Völker und dem schwierigen Zugang zu ihnen zusammenhängt. Aufgrund der geografischen Lage der Dörfer ist es für diese Menschen oft schwierig, den zuständigen Gesundheitsdienst rechtzeitig zu erreichen, um die sie betreffenden Krankheiten behandeln zu lassen.

In Bezug auf die Sterblichkeit nach Altersgruppen hebt das Handbuch die Todesfälle durch äußere Ursachen (Selbstmord) als die bedeutendsten hervor, vor allem ab dem 10. Das folgende Fragment des Handbuchs drückt dies aus:

> Unter den äußeren Ursachen überwiegt der Selbstmord in großem Umfang, aber nur in wenigen Bezirken. Er tritt vor allem in den Dsei Mato Grosso do Sul (56 Fälle) und Alto Solimões (22 Fälle) auf, wo 78,8 % der 99 Fälle gemeldet wurden. Betroffen ist hauptsächlich die Altersgruppe der 10- bis 40-Jährigen, mit einem Höchststand zwischen 15 und 19 Jahren. Nach der WHO-Klassifizierung entspricht diese Bevölkerungsgruppe der Kategorie der Jugendlichen, aber bei den indigenen Völkern kann dies anders sein, da der Einzelne in dieser Altersgruppe Verantwortungen und Verpflichtungen übernimmt, die bei uns in der Altersgruppe der Erwachsenen üblich wären (FUNASA, 2004).

Bei den Strategien zur Krankheitsvorbeugung liegt der Schwerpunkt ausschließlich auf Impfungen und Strategien zur Gesundheitserziehung, und bei der Gesundheitsförderung wird die Bedeutung einer wirksamen sanitären Grundversorgung in den Dörfern hervorgehoben und gezeigt, wie wichtig es ist, Broschüren zu verschiedenen Themen wie sexuell übertragbare Krankheiten und Alkoholismus in den verschiedenen indigenen Sprachen zu erstellen. Diese Maßnahme kann als Erleichterung des Zugangs dieser Bevölkerungsgruppen zu Gesundheitsinformationen hervorgehoben werden. Im Bereich der Zahnheilkunde werden kurative Maßnahmen in größerem Umfang durchgeführt, was zu Lasten der präventiven Maßnahmen geht.

- Punkt 3: Gesundheitsförderung und Prävention

3.1) Der indigene Gesundheitsagent.
3.2) Das gefährdete Kind.
3.3) Pflege in den ersten 30 Lebenstagen.
3.4) Überwachung des Wachstums.
3.5) Prävention von Behinderungen in der einheimischen Bevölkerung.
3.6) Mundgesundheit.
3.7) Überwachung des Impfstatus.
3.8) Verhütung von Unfällen

Im dritten Teil des Handbuchs werden die Themen beschrieben, die für die medizinische Grundversorgung wichtig sind, um das Auftreten von Gesundheitsproblemen in der indigenen Bevölkerung zu verringern.

An dieser Stelle wird die Bedeutung des multidisziplinären indigenen Gesundheitsteams (EMSI) für die Betreuung dieser Völker erörtert, wobei die Bedeutung des indigenen Gesundheitsbeauftragten (AIS) als Vermittler zwischen dem Team und den indigenen Völkern hervorgehoben wird, wie im folgenden Fragment dargestellt:

> Der Abschlussbericht der II. Nationalen Konferenz über Gesundheit für indigene Völker (91993) enthält Grundsätze und Leitlinien für die Ausbildung der indigenen Gesundheitsbeauftragten (AIS), die auf den in fast einem Jahrzehnt gesammelten Erfahrungen beruhen und darauf abzielen, nicht nur die medizinische Grundversorgung dieser Bevölkerungsgruppen zu gewährleisten, sondern auch die Kommunikation zwischen der indigenen Bevölkerung und den vom SUS-Netz angebotenen Dienstleistungen zu erleichtern. Diese Grundsätze und Leitlinien wurden 1996 erörtert und erweitert und sind in dem Dokument Ausbildung indigener Gesundheitsfachkräfte - Vorschläge und Leitlinien (MS/FNS/Cosai-Juli 1996) zusammengefasst. (FUNASA, 2004).

Die Ausbildung von HIAs muss dem Handbuch zufolge sehr sorgfältig erfolgen, da die soziale Struktur indigener Völker mitunter recht komplex ist und die Zugehörigkeit zu einer ethnischen Gruppe nicht zwangsläufig bedeutet, dass man all jenen gleichgestellt ist, die sie ebenfalls ausmachen. Die Ausbildung sollte daher so erfolgen, dass die Fähigkeiten dieser neuen Fachkraft entwickelt werden und sie nicht nur dazu gebracht wird, das zu wiederholen, was die westliche Medizin für die absolute Wahrheit hält. In diesem Punkt ist das Handbuch sehr deutlich, wenn es hervorhebt:

> [...] neben der Berücksichtigung kultureller Besonderheiten bei der Bildung des AIS gibt es Orte, an denen selbst in benachbarten Dörfern, die derselben Nation angehören, Unterschiede zu beobachten sind. Das HIA sollte neben den religiösen Führern und Schamanen die grundlegende Figur sein, um die Rettung des traditionellen Heilsystems dieser Bevölkerungen zu fördern und sicherzustellen und nicht nur Informationen zu vervielfältigen und die Beteiligung der Gemeinschaften an unserem Gesundheitssystem zu

fördern (FUNASA, 2004).

Neben der Bildung des AIS werden auch die einheimischen Kinder analysiert, die anfälliger für Krankheiten sind, d. h. die Risikokinder, wobei die richtige Art und Weise ihrer Identifizierung erwähnt wird, nämlich durch die persönlichen Merkmale jedes einzelnen, die Merkmale der physischen Umgebung, in der sie leben, und durch die Merkmale der Familie, zu der das Kind gehört, wie z. B. die sozialen und wirtschaftlichen Merkmale. Um die Kinder in ein hohes, niedriges oder mittleres Risiko einzustufen, werden die Daten der folgenden Tabelle verwendet:

Tabelle 1 - Risikoklassifizierung für indigene Kinder unter fünf Jahren

Risikofaktoren ermitteln	Klassifizieren Sie	Terminierung der Gesundheitsüberwachung
Niedriges Geburtsgewicht Tod eines unter fünfjährigen Bruders durch Unterernährung Unterernährung im Alter von unter zwei Jahren	Hohes Risiko	Monatliche Nachuntersuchung durch den Arzt bis zum Alter von zwei Jahren und zweimonatliche Nachuntersuchung zwischen zwei und fünf Jahren.
Unzureichendes Geburtsgewicht (2,5 kg bis 3 kg) Zwei oder mehr Geschwister < fünf Jahre Frühe Entwöhnung < sechs Monate Gebrochene Familie Schwache Mutter-Kind-Bindung	Mittleres Risiko	Monatliche Nachuntersuchung durch den Arzt bis zum Alter von einem Jahr und vierteljährliche Nachuntersuchung im Alter von einem bis fünf Jahren.
Angemessenes Geburtsgewicht > 3 kg Ausschließliches Stillen bis zum Alter von sechs Monaten. Bis zu einem Geschwisterkind < fünf Jahre alt. Eltern anwesend, mit guten Beziehungen. Gute Mutter-Kind-Bindung	Bass Risiko	Zweimonatliche Nachuntersuchung durch den Arzt bis zum Alter von einem Jahr und alle vier Monate im Alter von einem bis fünf Jahren.

Quelle: Manual de Atenção à Saúde da Criança Indígena, FUNASA, 2004, S. 39.

In Bezug auf die Pflege in den ersten 30 Lebenstagen werden die idealen Geburtsbedingungen erwähnt. Es wird hervorgehoben, dass bei einer Entbindung im Krankenhaus die von der Weltgesundheitsorganisation für alle Neugeborenen festgelegten Verfahren befolgt werden müssen, die von einer geschulten Fachkraft durchgeführt werden müssen, wie z. B. die Anwendung von 1%igem Silbernitrat in den Augen des Kindes, wenn eine normale Entbindung durchgeführt wird, die Anwendung von Vitamin K, Anwendung von Vitamin K, Hepatitis-B-Impfung, Anwendung von 70 %igem Alkohol im Nabelstumpf und Absaugen der oberen Atemwege, neben der Durchführung einer vollständigen körperlichen Untersuchung, bei der das Auftreten möglicher Anomalien durch Inspektion und Moro-, Plantar-, Prähensions- und Babinsk-Reflexe untersucht wird (WONG, 1997, S. 157). 157).

Da Tuberkulose (TB) jedoch in der einheimischen Bevölkerung endemisch ist, wird der PPD-Test für Mütter empfohlen, die in Gebieten mit diagnostizierten TB-Fällen leben, um festzustellen, ob sie Träger von *Mycobacterium tuberculosis* sind oder nicht. Ein ernsthaftes Problem stellt jedoch der PPD-Test dar, der zwar ein kostengünstiges Verfahren zur Erkennung von Tuberkulosefällen ist, aber genetischen Studien zufolge eine geringe Wirksamkeit aufweist, da es in der allgemeinen Bevölkerung viele Fälle von Anergie gibt, d. h. Personen, die nicht auf den Test ansprechen, obwohl sie tuberkulös sind (Salzano & Hutz, 2005).

Der BCG-Impfstoff sollte ebenfalls so früh wie möglich verabreicht werden, warnt jedoch davor, dass die Verabreichung von Impfstoffen in einigen ethnischen Gruppen aufgrund religiöser und kultureller Fragen ein Problem darstellen kann.

In Bezug auf die Überwachung des Wachstums folgt das Handbuch den Empfehlungen des Gesundheitsministeriums für die Überwachung von Wachstum und Entwicklung (GD) bei Kindern im Allgemeinen und empfiehlt, dass diese Überwachung anhand der Wachstumstabellen in den Gesundheitsheften des Kindes erfolgt.

Dieser Teil des Handbuchs befasst sich auch mit der Prävention von Behinderungen in der indigenen Bevölkerung, die durch eine zufriedenstellende pränatale Betreuung, während der Geburt, nach der Geburt und während des gesamten Lebens erfolgen sollte. Es wird die Rolle des multidisziplinären indigenen Gesundheitsteams und der Gemeinschaft hervorgehoben, wobei vor allem die Bedeutung der Konzentration auf präventive Maßnahmen betont wird.

Zur Mundgesundheit heißt es dort, dass die häufigsten Erkrankungen Karies und Parodontitis (Zahnfleischentzündung) sind, wie im folgenden Fragment dargestellt:

> Einige Studien in indigenen Gemeinschaften deuten darauf hin, dass die Häufigkeit von Zahnkaries in den meisten Bevölkerungsgruppen zunimmt, vor allem in den jüngeren Altersgruppen, was sich auf das Milchgebiss auswirkt. Dieser Anstieg wird einhellig auf veränderte Ernährungsgewohnheiten (Einführung von Zucker und anderen industriell gefertigten Lebensmitteln) im Zusammenhang mit sozioökonomischen und umweltbedingten Veränderungen sowie auf das Fehlen von Präventionsprogrammen zurückgeführt. [Trotz des Vorhandenseins von bakteriellem Zahnbelag weist diese Bevölkerungsgruppe keine fortgeschrittenen Krankheitsstadien auf, sondern lediglich eine Entzündung des Zahnfleisches (Gingivitis) (FUNASA, 2004).

Die Nationale Gesundheitsstiftung (FUNASA) hat ein anderes Impfschema für indigene Kinder eingeführt, das Impfstoffe umfasst, die vom Gesundheitsministerium nicht an andere brasilianische Kinder verteilt werden. Es wird davon ausgegangen, dass indigene Kinder eine Bevölkerung darstellen, die anfälliger für Krankheiten ist. Zu den zusätzlichen Impfstoffen für indigene Kinder gehören: Grippeimpfstoff, Pneumokokkenimpfstoff und Varizellenimpfstoff. ANHANG 1.

Bei der Frage der Unfallverhütung geht es um die Unterschiede in den Lebensgewohnheiten der indigenen und der nicht-indigenen Bevölkerung, wie zum Beispiel die Unterschiede in der inneren Organisation der Häuser, die im Allgemeinen weniger Möbel haben als die Häuser der nichtindigenen Gesellschaft. Er warnt vor der Unfallgefahr, die dieser Punkt darstellen kann, da leicht zerbrechliche Gegenstände auf dem Boden abgestellt werden, und warnt auch vor der möglichen Gefahr von Verbrennungen, insbesondere in den Dörfern, in denen die Verwendung von Lagerfeuern üblich ist. Außerdem wird auf die Erstickungsgefahr hingewiesen, die vor allem durch das Verschlucken von Samen entsteht, sowie auf die Vergiftungsgefahr durch den Missbrauch von falsch verabreichten Medikamenten der westlichen Medizin und auf die Unfallgefahr, die durch den Gebrauch von Kraftfahrzeugen in den Dörfern entsteht. Das Handbuch hebt die Präventivmaßnahmen hervor, die Angehörige der Gesundheitsberufe ergreifen sollten, um das Auftreten dieser Unfälle zu vermeiden:

> Alle Unfälle können vermieden werden, wenn man den Entwicklungsstand des Kindes berücksichtigt, die Eltern angemessen anleitet und auf die Bedeutung von Präventivmaßnahmen hinweist. Der beste Weg ist es, mit den Eltern über die größten Risiken je nach Alter des Kindes zu sprechen und ihnen die notwendigen Hinweise zu geben (FUNASA, 2004).

- Punkt 4: Das Kind mit akuten Gesundheitsproblemen.
4.1) Das Kind mit Verdacht auf eine leichte Infektionskrankheit.
4.2) Das Kind mit Durchfall, Dehydrierung oder Dysenterie.
4.3) Das Kind mit Husten oder Dyspnoe.
4.4) Akute Pharyloamyalitis.
4.5) Akute Ohrenentzündung.
4.6) Akute Sinusitis.

- Punkt 5: Häufige Probleme bei ambulanten pädiatrischen Patienten
5.1) Ernährungsbedingte Störungen.
5.2) Infektionskrankheiten und Parasitenbefall.
5.3) Erkrankungen der Atemwege;
5.4) Dermatologische Erkrankungen;
5.5) Gastrointestinale Erkrankungen.
5.6) Erkrankungen der ableitenden Harnwege.

Obwohl sich die Punkte 4 und 5 mit unterschiedlichen Krankheitsgruppen befassen, sind beide Punkte gleich aufgebaut und enthalten Informationen über die Definition der Krankheiten und ihre epidemiologische Situation. Auf diese Informationen folgen ausnahmslos Informationen über die medizinische Behandlung der Krankheiten, wobei die spezifischen Verhaltensweisen, die von anderen Mitgliedern des multidisziplinären indigenen Gesundheitsteams als dem Arzt zu ergreifen sind, vernachlässigt werden.

Bei der Lektüre und Analyse des Inhalts des Handbuchs über die Gesundheitsfürsorge für brasilianische indigene Kinder wird deutlich, dass kein bestimmtes Thema überwiegt, sondern dass es ziemlich vollständig ist und die wichtigsten Gesundheitsprobleme behandelt, die Kinder im Allgemeinen betreffen. Die Besonderheit des Handbuchs besteht darin, dass es einen einzigartigen Blick auf indigene Kinder wirft, da diese zu Gemeinschaften gehören, die Besonderheiten aufweisen, wodurch immer wieder die Bedeutung des Verständnisses kultureller Fragen und der unterschiedliche Blick, den das Gesundheitspersonal beim Umgang mit ihnen haben sollte, zur Sprache kommt.

diese Bevölkerungsgruppen aufgrund der Unterschiede in ihrem sozioökonomischen Umfeld und ihrer Bevölkerungsdynamik zu unterstützen.

Obwohl das Handbuch sehr umfangreich ist, wird der Rolle des multidisziplinären indigenen Gesundheitsteams wenig Bedeutung beigemessen, wobei die Rolle der medizinischen Fachkräfte stärker betont wird, was zu Lasten der Funktionen der anderen Fachkräfte geht, die das Team bilden, insbesondere der Krankenschwester. Obwohl sie Mitglied des multidisziplinären indigenen Gesundheitsteams ist, wird sie in dem Dokument kaum erwähnt, selbst wenn die Bedeutung von Erziehungsmaßnahmen im Gesundheitsbereich verteidigt wird.

4.2 Die wissenschaftliche Produktion über die Gesundheit indigener Kinder, die in der Virtuellen Gesundheitsbibliothek (Bireme / VHL) indexiert ist

Wie in der Methodik erläutert, wurden die gesammelten Daten in vier Tabellen gegliedert: Die erste Tabelle gliedert die Daten nach folgenden Kriterien: Zeitschrift, Autor, Artikel, Art der Veröffentlichung, VHL-Quelle und Nummer/Jahr der Veröffentlichung; die zweite Tabelle zeigt die wissenschaftlich-akademische Produktion von 1989 bis 2010 in Bezug auf die Gesundheit indigener Kinder; die dritte Tabelle zeigt die wissenschaftliche Produktion von 1989 bis 2010 in Bezug auf die Gesundheit indigener Kinder in Lateinamerika und die vierte Tabelle zeigt die wissenschaftliche Produktion von 1989 bis 2010 in Bezug auf die Gesundheit indigener Kinder in Brasilien, nach Art der Veröffentlichung.

Tabelle 1 - Die Beziehung zwischen Zeitschrift, Autor, Artikel, Art der Veröffentlichung, VHL-Quelle und Nummer/Jahr der Veröffentlichung

PERIODISCH	AUTOR	ARTIKEL	ART DER VERÖFFENTLICHUNG	QUELLE VHL	NUMMER / JAHR

Kasmera	DÍAZ, A; CHOURIO, G; BARRIOS, C; DÍAZ, D; FINOL, R	Enteroparasitose in Yukpa-Gemeinden im Bundesstaat Zulia	Artikel	Flieder	Nr. 1 / 4 1994
IMSS Medizinische Zeitschrift	CRUZ NAVAS, Rosa Maria et al.	Merkmale von Kindern, bei denen in den IMSS-Solidaridad-Krankenhäusern im Bundesstaat Chihuahua Unterernährung diagnostiziert wurde	Artikel	Flieder	Nr. 4 1996
Argentinisches dermatologisches Archiv	VILLALOBOS, Cristina de; RANALLETTA, Maria; RODRÍGUEZ, Adriana	Untersuchung der Pediculose in zwei indigenen Gemeinden in der Provinz Misiones	Artikel	Flieder	Nr. 4 1997
Medizin (Bogotá)	NUNEZ, L., Francisco; ZARANTE, Ignacio M; BERNAL, Jaime E	Gesundheitszustand von Kindern in afrokolumbianischen und isolierten indigenen Gemeinschaften in Kolumbien	Artikel	Flieder	Nr. 58 2002
Revista chilena de pediatria, Cadernos de Salud Pública und Jornal de pediatria	GUGELMIN, Silvia A; SANTOS, Ricardo V; LEITE, Mauricio S	Körperliches Wachstum von indigenen Xavante-Kindern im Alter von 5 bis 10 Jahren in Mato Grosso	Artikel	Flieder	Nr. 5 2003
Primäre Betreuung	ALDRETE Rodriguez, M. G	Entwicklung von Kindern in sozial schwachen Gebieten des Bundesstaates Jalisco	Artikel	Ibecs	Nr. 5 2004
Panamerikanische Gesundheitsrevue (Revista Panamericana de Salud Pública)	BUITRÓN, Diego; HURTIG, Anna-Karin; SAN SEBASTIAN, Miguel	Ernährungszustand von Kindern unter fünf Jahren im ecuadorianischen Amazonasgebiet	Artikel	Flieder	Nr. 3 2004
Spanische Zeitschrift für Gemeinschaftsernährung	ARNAUD VINAS, M. Rosario; LÓPEZ FRÍAS, Magdalena; MATAIX VERDÚ, José	Soziales Umfeld und Unterernährung bei Kindern im Alter von 1 bis 4 Jahren in indigenen Gemeinden in Mexiko	Artikel	Ibecs und Repidisca	Nr. 3 2005

Bulletin für Malariologie und Umweltgesundheit	HAGEL, Isabel et al.	Immunologische Faktoren, die vor einer Ascaris lumbricoides-Infektion bei indigenen und kreolischen Kindern aus ländlichen Gemeinden in Venezuela schützen	Artikel	Flieder	Nr. 1 2005
Archivos venezolanos de farmacologia y terapêutica	CHUMPITAZ C, Diana et al.	Bewertung der Ernährungssituation der Warao-Kinder in der Gemeinde Yakariyene, Delta Amacuro State: August - Oktober 2004	Artikel	Flieder	Nr. 1 2006
Brasilianisches Archiv für Ophthalmologie	PICCININ, Marcos Rogério Mistro	Geringe Prävalenz von Dyschromatopsie nach dem HRR (Hardy, Rand und Rittler) Pseudo-Isochromatose-Test, Ausgabe 4ª, in der indigenen Terena-Bevölkerung des Dorfes Lalima in der Region Miranda: Mato Grosso do Sul	Artikel	Flieder	Nr. 2 2007
Acta odontológica venezolana	GUERRA, M. E. et al.	Multifokale Epithelialhyperplasie: eine Studie an einer Gruppe venezolanischer Ninos	Artikel	Flieder	Nr. 3 2007
Ernährung im öffentlichen Gesundheitswesen	Romaguera, D. et al.	Ernährungszustand der Andenbevölkerung in der Puna und Quebrada von Humahuaca, Jujuy, Argentinien	Artikel	Repidisca	Nr. 6 2008
Wissenschaft und kollektive Gesundheit	CARNEIRO, Marilia Clemente Gomes et al.	Zahnkaries und der Bedarf an zahnärztlicher Behandlung bei den Baniwa-Indianern von Alto Rio Negro, Amazonas	Artikel	Flieder	Nr. 6 2008

- TABELLE 1 - ANALYSE DER ERGEBNISSE

Ziel dieser Analyse ist es, einen Überblick über das obligatorische Thema zu geben, d. h. über die wichtigsten Themen, die in Artikeln über die Gesundheit indigener Kinder in lateinamerikanischen Ländern, darunter Brasilien, behandelt werden.

Zum Thema Gesundheit indigener Kinder wurden Artikel zu verschiedenen Themen gefunden, nämlich: Ernährungsprofil, Zahnerkrankungen, Augenkrankheiten, Darmparasitose, allgemeiner Gesundheitszustand indigener Kinder, Pediculosebefall.

Von den vierzehn Artikeln, die nach den zuvor definierten Ein- und Ausschlusskriterien ausgewählt wurden, wurde das Thema Bewertung des Ernährungsprofils in sieben Artikeln bearbeitet, was zeigt, dass dies in den lateinamerikanischen Ländern, einschließlich Brasilien, das obligatorische Thema ist, wenn es um die Gesundheit indigener Kinder geht. Diese Artikel befassen sich mit: die Untersuchung des Ernährungszustands indigener Kinder anhand anthropometrischer Messmethoden; die Beziehung zwischen dem Nahrungsmittelkonsum und den Faktoren des sozialen Umfelds, die mit der Entwicklung von Unterernährung in Zusammenhang stehen; die Bewertung des Ernährungszustands indigener Kinder und die Identifizierung des Risikos der Unterernährung in diesen Bevölkerungsgruppen; die Untersuchung des körperlichen Wachstumsprofils indigener Kinder anhand des Größen/Alters-Index; Ermittlung des Ausmaßes und der Verteilung der Unterernährung indigener Kinder durch die Beurteilung des Ernährungszustands; Bestimmung des Ernährungszustands indigener Kinder und seines Zusammenhangs mit positiven Ergebnissen des gereinigten Protein-Derivats zur Bestimmung der Tuberkulose-Infektion und Ermittlung der Merkmale unterernährter indigener Kinder mit der medizinischen Diagnose Unterernährung, die in ein Krankenhaus eingeliefert werden.

Ein weiteres auffälliges Thema, das in den untersuchten Artikeln behandelt wurde, ist die Sorge um das Auftreten von Mundkrankheiten bei indigenen Kindern. Drei Artikel befassten sich mit den folgenden Themen: Zusammenhang zwischen der Verschlechterung der Mundgesundheit und dem Konsum industrialisierter Produkte in Verbindung mit der prekären zahnmedizinischen Versorgung indigener Völker; Bestimmung des Vorhandenseins von multifokaler Epithelhyperplasie (MES) bei indigenen Kindern mit dem Ziel, Behandlungsmaßnahmen zu entwickeln, und Untersuchung der allgemeinen Mundgesundheitsbedingungen bei Kindern indigener Gemeinschaften.

Ein weiteres Thema, das in den in Tabelle 1 aufgeführten Artikeln erörtert wird, ist die in zwei Artikeln geäußerte Besorgnis über das Auftreten von Enteroparasitosen bei indigenen Kindern, die folgende Themen zur Diskussion stellt: Bestimmung der Prävalenz von Darmparasitosen bei indigenen Kindern und die Untersuchung der immunologischen Mechanismen, die beim Schutz vor einer Infektion durch *Ascaris lumbricoides* bei indigenen Kindern eine Rolle spielen.

Außerdem gibt es zwei Artikel, die sich mit der Entwicklung und dem Gesundheitszustand indigener Kinder befassen, und zwar zu folgenden Themen: Bestimmung der Entwicklung von Kindern, die unter prekären sozioökonomischen und kulturellen Bedingungen leben, und Untersuchung des allgemeinen Gesundheitszustands indigener Kinder.

Einer der Artikel wurde von Forschern aus dem Bereich der Augenheilkunde entwickelt und befasste sich mit der Untersuchung der chromatischen Sehstörungen, d. h. des Farbsehens, in der einheimischen Bevölkerung. Diese Studie war nicht speziell auf die Kinder der Dörfer ausgerichtet, aber ein Teil der ausgewählten Stichprobe bestand aus Personen im Alter von 10 und 11 Jahren, die nach den Kriterien der Weltgesundheitsorganisation (WHO) als Kinder eingestuft wurden.

Schließlich wurde ein Artikel gefunden, der sich mit dem Auftreten von Pedikulose bei Kindern indigener Gemeinschaften befasst.

Bemerkenswert ist, dass von den ausgewählten Artikeln zwei von brasilianischen Forschern verfasst wurden und sich mit dem körperlichen Wachstum von Kindern der ethnischen Gruppe der Xavante im Bundesstaat Mato Grosso do Sul sowie mit dem Auftreten von Zahnkaries und der Notwendigkeit einer zahnärztlichen Behandlung bei den Baniwa-Indianern am oberen Negro-Fluss im Bundesstaat Amazonas befassten. Die letztgenannte Studie richtete sich nicht speziell an Kinder; allerdings wurden unter den Personen, die die Forschungsstichprobe (n) bildeten, Kinder bis zu 11 Jahren ausgewählt.

Die ausgewählten Artikel wurden größtenteils in der Datenbank für lateinamerikanische und karibische Literatur zu Gesundheitswissenschaften (Lilacs) indexiert, aber auch in den Datenbanken des Spanischen Bibliographischen Indexes für Gesundheitswissenschaften (Ibecs) und des Panamerikanischen Netzwerks für Informationen über Umweltgesundheit (Repidisca) wurden Artikel gefunden.

Tabelle 2 - Wissenschaftlich-akademische Produktion von 1989 bis 2010 in Bezug auf die Gesundheit von brasilianischen indigenen Kindern

INSTITUTION	AUTOR	TITEL	ART DER VERÖFFENTLICHUNG	QUELLE VHL	JAHR DER VERÖFFENTLICHUNG
Universität von São Paulo	RIBAS, Dulce Lopes Barboza	Gesundheit und Ernährung der indigenen Kinder von Terena, MS, Brasilien	Dissertation	Flieder	2001

Nationale Schule für öffentliche Gesundheit Sergio Arouca	LICIO, Juliana Souza Andrade	Ernährungszustand indigener Kinder in Brasilien: eine systematische Übersicht über die wissenschaftliche Literatur	Dissertation	Flieder	2009
Universität von São Paulo	KOURY FILHO, Hélio Cezar	Ernährungszustand von Frauen, Müttern von Kindern unter fünf Jahren - Jordão - Acre - Brasilien	Dissertation	Flieder	2010
Universität von São Paulo	ARAÚJO, Thiago Santos de	Unterernährung bei Kindern in Jordão, Bundesstaat Acre, brasilianisches westliches Amazonasgebiet	Dissertation	Flieder	2010

- TABELLE 2 - ANALYSE DER ERGEBNISSE

Tabelle 2 gibt einen Überblick über die wissenschaftlich-akademische Produktion über die Gesundheit der brasilianischen indigenen Kinder in dem Zeitraum, der durch die vorliegende Untersuchung abgegrenzt wurde. Es wurden nur vier Arbeiten gefunden, die in Form von Dissertationen veröffentlicht wurden, alle von nationalen Bildungseinrichtungen, nämlich: drei von der Universität von São Paulo (USP) und nur eine von der Nationalen Schule für öffentliche Gesundheit Sergio Arouca der Fundação

Oswaldo Cruz (Ensp / Fiocruz). Alle sind in der Lilacs-Datenbank indexiert, und ihre Zusammenfassungen sind verfügbar.

Das obligatorische Thema der Dissertationen war das Ernährungsprofil brasilianischer indigener Kinder. Drei der ausgewählten Dissertationen befassten sich mit diesem Thema, während sich nur eine Dissertation mit dem Ernährungszustand von Müttern indigener Kinder unter fünf Jahren und den Auswirkungen dieser Daten auf die Gesundheit indigener Kinder befasste.

Die Dissertationen befassen sich mit Themen wie: Bewertung der Prävalenz und der Faktoren, die mit der Unterernährung von Kindern in Zusammenhang stehen; Beschreibung und Analyse des Ernährungszustands und des Zugangs zu Gesundheitsdiensten für Mütter von Kindern unter fünf

Jahren; kritische und systematische Bewertung der wissenschaftlichen Produktion von Artikeln, die sich mit dem Ernährungszustand indigener Kinder in Brasilien befassen, und Bewertung der Gesundheits- und Ernährungsbedingungen indigener Kinder mit der Beschreibung der sozioökonomischen, demografischen und umweltbezogenen Bedingungen, unter denen die Familien leben, die Gegenstand der Studie waren.

Bei drei der vier Studien handelt es sich um Feldstudien, von denen zwei, die den Großteil ausmachen, in der nördlichen Region Brasiliens, genauer gesagt im Landesinneren des Bundesstaates Acre, und eine im mittleren Westen, im Bundesstaat Mato Grosso do Sul, durchgeführt wurden. Die vierte Studie ist das Ergebnis einer systematischen Durchsicht von Artikeln in Datenbanken wie Lilacs, ISI und Medline, mit einem zeitlichen Schnitt von 1974 bis 2007.

Zu den Beweggründen für die Durchführung der genannten Studien gehörten: die Notwendigkeit, die Möglichkeiten der Beobachtung und Konstruktion sozialer und biologischer Indikatoren indigener Gruppen zu erweitern; die Notwendigkeit, Veröffentlichungen in Form wissenschaftlicher Artikel zum Thema Ernährungszustand indigener Kinder zusammenzustellen; die Notwendigkeit, den Ernährungszustand von Müttern indigener Kinder unter fünf Jahren außerhalb des gravidisch-puerperalen Zyklus zu kennen und das Ernährungsmuster von Kindern im Inneren des Amazonasgebiets zu kennen.

Von den ausgewählten Artikeln befassen sich zwei nicht speziell mit der Gesundheit indigener Kinder, sie wurden jedoch ausgewählt, weil sie sich mit der Gesundheit der Mütter indigener Kinder befassen, die ein Faktor sein kann, der die Gesundheit ihrer Kinder beeinflusst, und der andere befasst sich mit dem Ernährungsmuster von Kindern aus dem Inneren des Amazonas.

Für die Untersuchung des Ernährungsprofils in den in Tabelle 2 aufgeführten Thesen wurden folgende Methoden verwendet: Verwendung der Indikatoren Körpergröße im Verhältnis zum Alter (H / I), Gewicht im Verhältnis zum Alter (W / I) und Gewicht im Verhältnis zur Körpergröße (W / H); Sammlung von Informationen über demografische, sozioökonomische, anthropometrische, morbide und gesundheitliche Merkmale, wobei der Ernährungszustand nach dem Body Mass Index (BMI) klassifiziert wurde; systematische Durchsicht von Datenbanken wie Lilacs, ISI und Medline von 1974 bis 2007 sowie Messungen von Gewicht, Körpergröße und Brachialumfang, um die Nahrungsaufnahme zu bewerten.

Zwei Dissertationen stammen aus dem Jahr 2010 und stellen die Mehrheit dar, eine aus dem Jahr 2009, beginnend im Jahr 2001, an der Universität von São Paulo. Diese Daten deuten auf ein wachsendes Interesse an der Analyse des Ernährungszustands der indigenen Kinder Brasiliens hin.

Tabelle 3 - Quantitative wissenschaftliche Produktion von 1989 bis 2010 über die Gesundheit indigener Kinder in Lateinamerika

LAND	ANZAHL DER AUSGÄNGE	JAHR DER VERÖFFENTLICHUNG	QUELLE VHL
Brasilien	7	2001 - 2003 - 2007 - 2008-2009 - 2010	Flieder
Venezuela	4	1994-2005 -2006- 2007	Flieder
Mexiko	3	1996-2004 -2005	Flieder / Ibecs / Repidisca
Argentinien	2	1997-2008	Flieder / Repidisca
Kolumbien	1	2002	Flieder
Ecuador	1	2004	Flieder

- TABELLE 3 - ANALYSE DER ERGEBNISSE

Aus der Analyse der Daten in Tabelle 3 geht hervor, dass das Land mit der größten Anzahl an Produktionen zum Thema Gesundheit einheimischer Kinder Brasilien ist, mit sieben Produktionen, die in der Lilacs-Datenbank aus dem Jahr 2001 indexiert sind und Artikel und Thesen enthalten, wie in den Tabellen 1 und 2 dargestellt. Brasilien weist also eine Regelmäßigkeit in den Produktionen auf, die sich von den anderen Ländern unterscheidet. Das Land mit der zweithöchsten Anzahl an Produktionen ist Venezuela mit vier Produktionen, gefolgt von Mexiko mit drei Produktionen, gefolgt von Argentinien mit zwei Produktionen und schließlich Kolumbien und Ecuador, beide mit einer Produktion.

Venezuela ist das Land, in dem zum ersten Mal ein Artikel zu diesem Thema veröffentlicht wurde, und zwar im Jahr 1994, gefolgt von Mexiko im Jahr 1996, Argentinien im Jahr 1997, Brasilien im Jahr 2001, Kolumbien im Jahr 2002 und Ecuador im Jahr 2004.

Brasilien, Kolumbien und Ecuador präsentieren nur wissenschaftliche Produktionen, die in der Lilacs-Datenbank indexiert sind, während Mexiko und Argentinien ihre Publikationen neben Lilacs auch in Repidisca indexiert haben. Mexiko erscheint jedoch mit Werken, die auch in Ibecs indexiert sind, und ist damit das Land mit der größten Anzahl von Indexierungsnetzen für seine wissenschaftlichen Produktionen.

Tabelle 4 - Wissenschaftliche Produktion von 1989 bis 2010 über die Gesundheit indigener Kinder in Brasilien, nach Art der Veröffentlichung

ART DER VERÖFFENTLICHUNG	JAHR DER VERÖFFENTLICHUNG	QUELLE VHL	ANZAHL DER AUSGÄNGE
Artikel	2003 - 2007 - 2008	Flieder	3
Dissertation	2001 -2009 -2010	Flieder	4

- TABELLE 4 - ANALYSE DER ERGEBNISSE

Aus der obigen Tabelle geht hervor, dass die meisten brasilianischen Produktionen, die im

BVS/Bireme zum Thema Gesundheit indigener Kinder indexiert sind, die Form von Dissertationen haben, und dass dies auch früher als die Produktion und Indexierung von Artikeln begann, nämlich im Jahr 2001.

Es handelt sich also um eine noch spärliche Produktion zu dem in dieser Untersuchung untersuchten Thema, die erst vor kurzem, nach dem Jahr 2000, entstanden ist. Darüber hinaus ist festzustellen, dass die einzige Quelle, die von den nationalen Forschern zum Zeitpunkt der Indexierung ihrer Arbeit verwendet wird, Flieder ist.

KAPITEL 5

DISKUSSION DER ERGEBNISSE

Wie aus den Ergebnissen dieser Arbeit hervorgeht, bezieht sich das obligatorische Thema, das sich aus der Verfolgung der in Datenbanken zum Thema Gesundheit indigener Kinder indizierten Forschung in BVS / BIREME ergibt, auf das Ernährungsprofil indigener Kinder, sei es in nationalen Studien, sei es in anderen Regionen Lateinamerikas.

In den Studien, die sich mit dem Ernährungsprofil indigener Kinder befassen, wird als Hauptproblem, das es zu lösen gilt, das Ernährungsdefizit dieser Kinder im Vergleich zu nicht-indigenen Kindern genannt.

Die Untersuchung des Themas des Ernährungsdefizits bei brasilianischen indigenen Kindern in den literarischen Quellen, die nicht in der Quelle BVS / Bireme indexiert sind, d.h. die nicht als Ergebnis der vorliegenden Forschung erscheinen, ermöglicht es, die Gründe für dieses Problem / diesen Missstand zu verstehen, mit dem die brasilianischen indigenen Gemeinschaften konfrontiert sind, wie zum Beispiel das folgende Fragment:

> In der Vergangenheit waren die indigenen Völker mehr oder weniger stark auf Landwirtschaft, Jagd, Fischfang und Sammeln angewiesen, um ihren Lebensunterhalt zu bestreiten. Die Interaktion mit den Expansionsfronten, die u. a. die Einführung neuer Wirtschaftssysteme und die Verringerung der territorialen Grenzen zur Folge hatte, führte zu drastischen Veränderungen der Subsistenzsysteme, die in der Regel zu Verarmung und Nahrungsmittelknappheit führten. Neben ethnischen Gruppen, die zu einem großen Teil in städtischen Gebieten leben und daher ihre Nahrungsmittel nicht mehr selbst produzieren, gibt es derzeit auch andere, die in Gebieten leben, in denen der Bevölkerungsdruck in Verbindung mit einer degradierten Umwelt die Aufrechterhaltung der Ernährungssicherheit gefährdet. In vielen Regionen werden auch indigene Arbeitskräfte eingesetzt, wie z.B. beim manuellen Schneiden von Zuckerrohr im Südosten oder bei der Gewinnung von einheimischem Kautschuk im Amazonasgebiet, als Gegenleistung für minimale Zahlungen, die den Erwerb von Nahrungsmitteln in zufriedenstellender Menge und Qualität nicht garantieren (COIMBRA JR; SANTOS; ESCOBAR, 2003, S. 21).

Laut Mondini *et al.* (2009) leben indigene Völker in Entwicklungsländern unter "prekären sozioökonomischen Bedingungen. Diese werden als

vernachlässigte und vom Gesundheitssektor stark marginalisierte Bevölkerungsgruppen". Vernachlässigt deshalb, weil es immer noch wenige Wissenschaftler gibt, die sich mit der epidemiologischen Untersuchung der Gesundheitsprobleme dieser Bevölkerungsgruppen befassen, und folglich die Fragen im Zusammenhang mit der Entwicklung von Gesundheitspolitiken für diese Bevölkerungsgruppe unterbewertet werden. Es besteht eine gewisse "Unsichtbarkeit" dieser Bevölkerungsgruppen, so als ob sie nicht auch die nationale Gesellschaft ausmachen würden.

Die unzureichenden Lebensbedingungen, denen diese Völker im Allgemeinen ausgesetzt sind, obwohl sie sich untereinander unterscheiden, sind dadurch gekennzeichnet, dass sie Situationen ausgesetzt sind wie der Zerstörung des Ökosystems, einer prekären sanitären Grundversorgung - mit unzureichender Entsorgung der Abfälle -, dem ökologischen Zyklus der Region, in der sie angesiedelt sind, der Saisonabhängigkeit, der Arbeitsmigration und der wahllosen Besiedlung des Landes durch andere Bevölkerungsgruppen (LEITE, *et al.*, 2007, S. 2639; MONDINI *et al.*, 2009, S. 470).

Die NATIONALE KOMMISSION FÜR SOZIALE GESUNDHEITSBEDINGUNGEN (2008, S. 129) stellt zu diesen unzureichenden Lebensbedingungen, die das Ernährungsprofil der indigenen Bevölkerung Brasiliens beeinträchtigen, fest:

> Schlechte sanitäre Einrichtungen und Wohnverhältnisse in Verbindung mit der geringen Abdeckung und Qualität der Gesundheitsdienste wirken zusammen und führen zu einer Verschlechterung des Ernährungszustands der indigenen Kinder. Ohne sauberes Trinkwasser und eine ordnungsgemäße Abfallbehandlung in den Dörfern steigt die Häufigkeit von Durchfallerkrankungen und anderen Infektions- und Parasitenkrankheiten.

Zur Bewertung der Ernährungsindizes werden anthropometrische Messungen herangezogen, wie z. B. die Bewertung des Verhältnisses zwischen Gewicht und Körpergröße der untersuchten Personen. Ein Defizit bei Gewicht und Größe ist bei indigenen Kindern leicht zu beobachten, wenn man Arbeiten studiert, die sich mit dem Ernährungsprofil der verschiedenen indigenen Ethnien befassen. Laut Leite *et al.* (2007) ist bei Kindern der ethnischen Gruppe der Wari' unter fünf Jahren "die Prävalenz der geringen Körpergröße für das Alter (62,7 %) [...] sechsmal höher als der nationale Durchschnitt, der von der *Nationalen Erhebung über Demografie und Gesundheit* (PNDS) erfasst wird".

Auch nach LEITE *et al.* (2007),

> Bei der Bewertung auf der Grundlage des Altersgewichtsindexes weicht die Kinderpopulation der Wari sogar noch weiter von dem Bild ab, das im nicht-indigenen Teil der brasilianischen Bevölkerung vorherrscht: Die Prävalenz des Altersuntergewichts (51,7 %) ist 11-mal höher als die vom *Pesquisa de Orçamentos Familiares* (POF 2002-2003) für das ganze Land registrierte Prävalenz (4,6 %).

Das obige Fragment bezieht sich nur auf eine der vielen indigenen ethnischen Gruppen. Es ist jedoch bekannt, dass dieses Problem auch viele andere ethnische Gruppen im ganzen Land betrifft, und dieses Fragment wurde nur als Beispiel für eine Situation verwendet, die bei indigenen Kindern unter fünf Jahren sehr häufig vorkommt.

Ein weiteres Beispiel ist der Fall der ethnischen Gruppen der Kaiowá und Guarani im indigenen Gebiet Caarapó, wo im Jahr 2006 eine Erhebung zur Bewertung der Ernährungsbedingungen von Kindern im Alter von bis zu 59 Monaten durchgeführt wurde. Laut Pícoli; Carandina; Ribas (2006, S.225) ergab die Erhebung, dass eine beträchtliche Anzahl von

Kindern als untergewichtig eingestuft wurde, da sie mit einem Gewicht von weniger als 2.500 g geboren wurden. Die Zahlen könnten sogar noch höher sein als die ermittelten, da bei einer großen Anzahl von Kindern das Gewicht nicht zusammen mit den Geburtsdaten aufgezeichnet wurde, vor allem bei Kindern, die zu Hause geboren wurden, und bei Kindern, deren Mütter keine Schwangerenvorsorge betrieben. Wie Coimbra Jr.; Santos & Escobar (2003, S. 83) feststellen, "unterstreicht die Häufigkeit von niedrigem Geburtsgewicht die Notwendigkeit [...], indigenen Müttern während der Schwangerschaft Aufmerksamkeit zu schenken, und zwar durch ein Programm, das die kulturellen Werte und Eigenheiten berücksichtigt, die [...] eine indigene Gemeinschaft betreffen".

Die Tatsache, dass die meisten indigenen Frauen keine angemessene pränatale Betreuung erhalten, kann die gleichen Schäden verursachen wie bei nicht-indigenen Frauen, d. h. das Risiko höherer Morbiditäts- und Mortalitätsraten bei Müttern und Perinatalen. Außerdem muss der Dialog zwischen den in den indigenen Gemeinschaften tätigen Gesundheitsfachkräften und der indigenen Bevölkerung verbessert werden, um Konzepte und Kenntnisse zu klären und die historischen und kulturellen Praktiken dieser Völker zu respektieren (PÍCOLI; CARANDINA; RIBAS, 2006, S. 225).

Das Handbuch für die Gesundheit der brasilianischen indigenen Kinder (2004) bestätigt das in der Untersuchung gefundene obligatorische Thema und stellt fest, dass Unterernährung die wichtigste Ernährungskrankheit bei indigenen Kindern ist. Es verwendet die Definition der Weltgesundheitsorganisation, die besagt, dass es sich um ein Syndrom handelt, das durch gleichzeitigen Kalorien- und Eiweißmangel in Verbindung mit Infektionskrankheiten verursacht wird. Ferner wird festgestellt, dass dies bei indigenen Kindern nach wie vor das wichtigste Gesundheitsproblem im Zusammenhang mit der hohen Kindersterblichkeit darstellt.

In dem genannten Handbuch wird darauf hingewiesen, dass eine der Erklärungen für die Entwicklung von Ernährungsdefiziten bei einigen Kindern und nicht bei anderen die Eignung der Mutter für die Mutterschaft ist, insbesondere in den ersten Lebensjahren, wenn das Kind zum Überleben stärker von der Mutter abhängig ist. Wenn die Mutter keine zufriedenstellende Mutter-Kind-Bindung zu ihrem Kind hat, kann sie das Kind nicht vor den Faktoren schützen, die die Entwicklung von Ernährungsdefiziten begünstigen (FUNASA, 2004).

Wenn man über andere Faktoren nachdenkt, die nicht direkt mit dem Gesundheitssektor zusammenhängen, um zu versuchen, die Gründe zu verstehen, die dazu führen, dass indigene Kinder unter 60 Monaten im Vergleich zu nicht-indigenen Kindern derselben Altersgruppe höhere Raten von Ernährungsdefiziten aufweisen, stellt sich die Frage nach dem Bildungsniveau der Mütter dieser Kinder, denn es ist bekannt, dass die Chancen, die Indikationen und die Gesundheitsversorgung zu verstehen, die von den Fachleuten des multidisziplinären indigenen Gesundheitsteams weitergegeben werden, umso größer sind, je höher das Bildungsniveau ist. Dieser Argumentation folgend stellen

Pícoli; Carandina; Ribas (2006) fest, dass "eine höhere Anzahl unterernährter Kinder bei Müttern ohne Schulbildung beobachtet wurde".

Zur Veranschaulichung dessen, was im vorangegangenen Absatz dargelegt wurde, kann das Beispiel der ethnischen Gruppe der Teréna herangezogen werden, wo das Bildungsniveau der Mütter niedrig ist: 12,3 % haben keine Schulbildung, 66,0 % haben eine Schulbildung von 1 bis 4 Jahren, 19,8 % eine Schulbildung von 5 bis 8 Jahren und 1,9 % eine Schulbildung von mehr als 8 Jahren. Diese Tatsache wirkt sich direkt auf die Ernährungsanfälligkeit der Kinder dieser ethnischen Gruppe aus, wo eine Prävalenz von Ernährungsdefiziten von 4,0 % für den Gewichts/Alters-Index, 11,1 % für Größe/Alter und 1,1 % für Gewicht/Alter festgestellt wurde (COIMBRA JR; SANTOS; ESCOBAR, 2003 S. 78).

Auch der Einfluss des sozialen Faktors auf den Gesundheits- und Krankheitsprozess eines Volkes ist nicht zu vernachlässigen, was durch das folgende Fragment untermauert wird:

> Mit dem Schwerpunkt auf Fragen, die die indigenen Völker betreffen, wollen wir [...] die Aufmerksamkeit auf die Tatsache lenken, dass ethnische und rassische Minderheiten in Brasilien Situationen der Ausgrenzung, Marginalität und Diskriminierung erleben, die sie letztlich in eine Position der größeren Anfälligkeit für eine Reihe von Krankheiten bringen. Höhere Morbiditäts- und Mortalitätsraten als auf nationaler Ebene, Hunger und Unterernährung, berufliche Risiken und soziale Gewalt sind nur einige der vielfältigen gesundheitlichen Folgen, die sich aus dem Fortbestehen von Ungleichheiten ergeben (COIMBRA JR.; SANTOS, 2000, S. 131).

Aus dem oben Gesagten geht hervor, dass zur Verbesserung der gesundheitlichen Situation der indigenen Völker sektorübergreifende Maßnahmen ausgearbeitet werden müssen, die auf der Bewertung von Gesundheitsprogrammen und -diensten beruhen, um zu versuchen, die chaotische Situation, in der wir uns befinden, umzukehren. Eine der Möglichkeiten dafür ist jedoch, dass die Gesellschaft die indigene Person aus ihrer "Unsichtbarkeit" befreit, in der sie sich vor allem im akademischen Umfeld befindet, denn, wie Marx (2008, S. 17) feststellt: "wir unsererseits bedecken uns mit unserer Tarnkappe, halten uns Augen und Ohren zu, um die bestehenden Ungeheuerlichkeiten leugnen zu können".

KAPITEL 6

SCHLUSSBEMERKUNGEN

Wie aus der aktuellen Forschung hervorgeht, ist das Gesundheitsproblem, von dem indigene Kinder am meisten betroffen sind, das Ernährungsdefizit. Aus diesem Grund wurde in der vorliegenden Studie vorgeschlagen, dieses Thema anhand einer Nachverfolgung in einer Online-Datenbank über Gesundheitsprobleme, die bei indigenen Kindern am häufigsten auftreten, zu untersuchen.

In dieser Studie wurde versucht, die Auswirkungen der Lebensbedingungen der brasilianischen indigenen Kinder auf ihre Lebensqualität zu reflektieren und darzustellen, wie der Verlauf der Forschung über die Gesundheit indigener Kinder in den anderen Ländern Lateinamerikas insgesamt und in Brasilien gesondert war. Außerdem sollte gezeigt werden, wie die Veröffentlichung und Indexierung wissenschaftlicher Produktionen nach Jahr und Ort erfolgte und wie die Situation der brasilianischen akademisch-wissenschaftlichen Produktion nach Jahr und Art der Veröffentlichung ist. Es wurde versucht, über das obligatorische Thema nachzudenken, das als Ergebnis der Suche in der verwendeten Online-Indexierungsdatenbank präsentiert wurde, und zwar anhand von Studien, die sich mit demselben Thema befassten und nicht als Produkt der durchgeführten Forschung erhalten wurden.

Zunächst wurde das politische und epidemiologische Panorama der indigenen Völker in Brasilien dargestellt, um den Leser in das Thema der indigenen Gesundheit einzuführen, mit dem Ziel, die Lektüre zu vereinfachen und flüssiger zu gestalten. Danach wurde ein Überblick über die Gesundheit indigener Kinder gegeben, um zu verstehen, wie sie in der Fachliteratur behandelt wird.

Der nächste Schritt war die Durchführung einer Suche mit Hilfe von Deskriptoren im Bireme/VHL, um herauszufinden, was in den Datenbanken über die Gesundheit indigener Kinder indexiert war. Dabei stellte sich heraus, dass das obligatorische Thema, das in den durchgeführten Untersuchungen nicht nur in Brasilien, sondern auch in Lateinamerika vorherrschte, das Ernährungsprofil dieser Kinder war, das immer auf ein Ernährungsdefizit hinwies. Es wurde eine tiefere Diskussion über das Ernährungsdefizit bei brasilianischen indigenen Kindern und seine möglichen Ursachen geführt. In der Diskussion wurden auch die im Handbuch über die Gesundheitsfürsorge für indigene Kinder enthaltenen Informationen über ernährungsbedingte Krankheiten bei diesen Personen wieder aufgegriffen.

Über die für diese Arbeit vorgeschlagenen Ziele, nämlich: zu analysieren, wie die Nationale Gesundheitsstiftung (FUNASA) das Thema der Gesundheit des indigenen Kindes durch das Handbuch der Aufmerksamkeit für die Gesundheit des brasilianischen indigenen Kindes bearbeitet und die wissenschaftliche Produktion zu identifizieren, die in den in Bireme / BVS indizierten

Zeitschriften über die Gesundheitssituation der brasilianischen indigenen Kinder sozialisiert wurde, kann man davon ausgehen, dass sie erreicht wurden, wobei insgesamt 18 Produktionen aufgelistet wurden, wobei es sich um 14 Artikel und 4 Dissertationen handelt, die ab dem Jahr 1994 produziert wurden, was zeigt, dass es sich um ein neues Forschungsgebiet handelt und dass es ab dem Jahr 2000 als aufsteigend angesehen werden kann. Eine Analyse des Inhalts des Handbuchs für die Gesundheitsversorgung indigener Völker der Nationalen Gesundheitsstiftung wurde ebenfalls durchgeführt, um zu verstehen, wie diese Einrichtung, die bis 2010 für die Erfüllung der Gesundheitsanforderungen indigener Völker zuständig war, zu diesem Thema arbeitet.

Zu den Leitfragen, nämlich: Wie wird das Thema der Gesundheit indigener Kinder von der Nationalen Gesundheitsstiftung (FUNASA) mit Hilfe des Handbuchs für die Gesundheitsfürsorge brasilianischer indigener Kinder behandelt? und Welches sind nach den wissenschaftlichen Veröffentlichungen, die in Bireme / BVS veröffentlicht wurden, die wichtigsten Gesundheitsprobleme, die indigene Kinder betreffen und die von der Verwaltungsbehörde bei der Ausarbeitung von Gesundheitspolitiken für Kinder, die diesen Bevölkerungsgruppen angehören, vorrangig behandelt werden sollten? Beide Fragen können als beantwortet angesehen werden, da die Leitlinien der Nationalen Gesundheitsstiftung über die Betreuung indigener Kinder ausgewertet und das Hauptthema, das in wissenschaftlichen Veröffentlichungen über die Hauptprobleme, die die Gesundheit indigener Kinder betreffen, diskutiert wird, identifiziert wurde.

Abschließend muss betont werden, wie wichtig die Ausbildung von Fachkräften des Gesundheitswesens ist, die bereit sind, als Mitglieder der multidisziplinären Teams für indigene Gesundheit zu arbeiten, damit sie sich nicht nur der kulturellen Unterschiede bewusst sind, die diese Völker von der nationalen Gesellschaft unterscheiden, sondern auch auf die wichtigsten Gesundheitsprobleme vorbereitet sind, von denen diese Völker betroffen sind, so dass eine umfassende und wirksame Betreuung der Gesundheit dieser Völker erfolgen kann, um Gerechtigkeit in der Gesundheitsversorgung zu erreichen.

Ich glaube, dass auf der Grundlage von Studien wie diesen andere Fachleute und Forscher den "Randgruppen", darunter den indigenen Bevölkerungsgruppen, ihre Aufmerksamkeit schenken könnten, um die Zahl der Studien zu erhöhen und die Qualität der Betreuung derjenigen zu verbessern, die kulturell und ethnisch anders sind als sie selbst.

Die Motivation für diese Studie, die hier endet, ist die Einsicht in die Bedeutung der Gleichheit der Rechte in allen sozialen Bereichen, einschließlich der Gesundheit, die allen Menschen unabhängig von ihrer ethnischen Zugehörigkeit, Religion oder Kultur zusteht, um die Lebensbedingungen der marginalisierten Bevölkerungsgruppen zu verbessern, damit wir eines Tages das Privileg haben, in einer gerechten Gesellschaft zu leben.

KAPITEL 7

BIBLIOGRAPHISCHE REFERENZEN

7.1. Konsultierte Werke

DYNIEWICZ, Ana Maria. *Metodologia da pesquisa para iniciantes.* São Paulo: Difusão Editora, 2007. 191 p.

GEERTZ, Clifford. *Die Interpretation der Kulturen.* Rio de Janeiro: JC Publishers, 1989. 323 p.

GOLDENBERG, Mirian. *A arte de pesquisar: como fazer pesquisa qualitativa em Ciências Sociais.* Rio de Janeiro: Editora Record, 1997. 107 p.

UNIVERSIDADE FEDERAL FLUMINENSE - PRO-REITORIA DE PESQUISA E PÓS-GRADUAÇÃO. Apresentação de Trabalhos Monográficos de Conclusão de Curso. Niterói, 2005. 90 p.

7.2. Zitierte Werke

CARDOSO, Andrey Moreira; SANTOS, Ricardo Ventura; COIMBRA JR., Carlos Everaldo Álvares. Öffentliche Gesundheitspolitik für indigene Völker. In: BARROS, Denise Cavalcante; SILVA, Denise Oliveira; GUGELMIN, Silvia Ângela (Eds.) *Vigilância Alimentar e Nutricional para a Saúde Indígena.* Rio de Janeiro: Editora Fiocruz & EAD / ENSP / Fiocruz, 2007.

COIMBRA JR, Carlos Everaldo Álvares; SANTOS, Ricardo Ventura. Gesundheit, Minderheiten und Ungleichheit: einige Beziehungsgeflechte, mit Schwerpunkt auf indigenen Völkern in Brasilien. *Ciência & Saúde Coletiva,* Rio de Janeiro: Abrasco, v. 5, n. 1, 2000. Verfügbar unter:< http://www.scielosp.org/scielo.php?script=sci_arttext&pid=S1413-81232000000100011 >. Abgerufen am: 15. Oktober 2009.

COIMBRA JR, Carlos Everaldo Álvares; SANTOS, Ricardo Ventura; ESCOBAR, Ana Lúcia. *Epidemiologia e saúde dos povos indígenas no Brasil.* Rio de Janeiro: Editora Fiocruz, 2003. 257 p.

NATIONALE KOMMISSION FÜR DIE SOZIALEN DETERMINANTEN DER GESUNDHEIT. As Causas Sociais das Iniqüidades em Saúde no Brasil. Rio de Janeiro, 2008. 215 p.

FIGUEIREDO, Antônio Macena de.; SOUZA, Soraia Riva Goudinho de. *Como elaborar projetos, monografias, dissertações e teses: da redação científica à apresentação do texto final.* 2ª ed. Rio de Janeiro: Editora Lúmen Júris, 2008. 336 p.

NATIONALE GESUNDHEITSSTIFTUNG. Arouca-Gesetz: Funasa in 10 Jahren indigener Gesundheit. Brasília, 2009. 112 p.

. Manual de Atenção à Saúde da Criança Indígena Brasileira. Brasília, 2004. 235 p.

GIL, A. C. *Métodos e técnicas de pesquisa social.* 5a ed. São Paulo: Atlas, 1999.

LARAIA, Roque de Barros. *Kultur: ein anthropologisches Konzept.* Rio de Janeiro: Herausgeber Jorge Zahar, 1986. 115 p.

LAVILLE, C.; DIONE, J. *Konstruktion von Wissen: Handbuch der Forschungsmethodik in den Humanwissenschaften.* Belo Horizonte: UFMG, 1999.

LEITE, Maurício Soares; SANTOS, Ricardo Ventura; COIMBRA JR, Carlos Everaldo Álvares. Sazonalidade e estado nutricional de populações indígenas: o caso Wari', Rondônia, Brasil. *Cadernos de Saúde Pública*, Rio de Janeiro: Editora Fiocruz, v. 23, n. 11, 2007. Verfügbar unter:<http://www.scielosp.org/scielo.php?script=sci_arttext&pid=S0102-311X2007001100011>. Abgerufen am: 15. Oktober 2009.

MARX, Karl. *Das Kapital: Kritik der politischen Ökonomie*. 26. Auflage. Rio de Janeiro: Civilização Brasileira, 2008. 966 S. V. 1.

MINAYO, Maria Cecília de Souza. *Die Herausforderung des Wissens: qualitative Gesundheitsforschung*. 2. Aufl. Rio de Janeiro: Editora Hucitec / Abrasco, 1993. 269 p.

MONDINI, Lenise *et al*. Ernährungszustand und Hämoglobinwerte bei Aruák- und Karibe-Kindern - indigene Völker des oberen Xingu, Zentralbrasilien, 2001 - 2002. *Revista Brasileira de Epidemiologia*, São Paulo: Abrasco, v. 12, n. 3, 2009. Verfügbar unter:< http://www.scielosp.org/scielo.php?script=sci arttext&pid=S1415-790X2009000300015 >. Abgerufen am: 15. Oktober 2009.

PÍCOLI, Renata Palópoli; CARANDINA, Luana; RIBAS, Dulce Lopes Barbosa. Saúde materno-infantil e nutrição de crianças Kaiowá e Guarani, Área Indígena de Caarapó, Mato Grosso do Sul, Brasilien. *Cadernos de Saúde Pública,* Rio de Janeiro: Editora Fiocruz, v. 22, n. 1, 2006 .Disponívelem : <http://www.funasa.gov.br/internet/arquivos/vigisus/09_S%20Kaiowa_Garani.pdf>. Abgerufen am: 13. November 2009.

SALZANO, F. M; HUTZ, M. H. *Genetik, Genomik und einheimische brasilianische Populationen - Geschichte und Biomedizin*. Revista de Estudos e Pesquisas, v. 1, n. 175, 2005.

SANTOS, Ricardo Ventura *et al*. Gesundheit indigener Völker und öffentliche Politik in Brasilien. In: GIOVANELLA, L. *et al*. (Orgs.) *Políticas e Sistemas de Saúde no Brasil*. Rio de Janeiro: Editora Fiocruz, 2008. 1112 p.

SILVA, Denise Oliveira e; BARROS, Denise Cavalcante. O Sistema de Vigilância Alimentar e Nutricional. In: BARROS, Denise Cavalcante; SILVA, Denise Oliveira; GUGELMIN, Silvia Ângela (Eds.) *Vigilância Alimentar e Nutricional para a Saúde Indígena*. Rio de Janeiro: Editora Fiocruz & EAD / ENSP / Fiocruz, 2008.

SILVEIRA, Nádia Heusi. Das Konzept der differenzierten Aufmerksamkeit und seine Anwendung. Federal University of Santa Catarina. Verfügbar unter :< http://www.antropologia.com.br/arti/colab/vram2003/a13-nheusi.pdf >. Abgerufen am: 10. Juni 2010.

WHALEY, Lucille F.; WONG, Donna L. *Enfermagem Pediátrica*. 5ª ed. Rio de Janeiro: Guanabara Koogan, 1999. 1118 p.

Anhänge

Anhang 1 - Impfkalender der brasilianischen indigenen Völker

IMPFKALENDER FÜR INDIGENE VÖLKER

AGE	VAKZINEN	DOSEN	VERHINDERTE KRANKHEITEN
Bei der Geburt	BCG-ID *(1)- BCG-Impfstoff*	Einzeldosis	Schwere Formen der Tuberkulose
	Hepatitis B *(2)- Hepatitis-B-Impfstoff (rekombinant)*	1ª Dosis	Hepatitis B
2 Monate	Pentavalent *(3)- Impfstoff adsorbierte Diphtherie, Tetanus, Pertussis, Hepatitis B (rekombinant) und Haemophilus influenzaeb (kombiniert)*	1ª Dosis	Diphtherie, Tetanus, Keuchhusten, Hepatitis B sowie Meningitis und andere durch *Haemophilus influenzae* Typ b verursachte Infektionen
	OPV (oraler Polio-Impfstoff) *(4-Polio-Impfstoff 1,2 und 3 (abgeschwächt)*	1ª Dosis	Poliomyelitis (Kinderlähmung)
	Pneumokokken 10-valent *(5)* 10-valenter Pneumokokken-Impfstoff (Konjugat)*	1ª Dosis	Lungenentzündung, Mittelohrentzündung, Meningitis und andere durch Pneumokokken verursachte Krankheiten
	VORH *(6)- Impfstoff gegen das humane Rotavirus G1P1 [8] (abgeschwächt)*	1ª Dosis	Rotavirus-Durchfallerkrankung
3 Monate	Impfstoff gegen Meningokokken C (Konjugatimpfstoff) *(7)**	1ª Dosis	Invasive Krankheit, verursacht durch *Neisseria meningitidis* Serogruppe C
4 Monate	Pentavalent - *Adsorptionsimpfstoff gegen Diphtherie, Tetanus, Keuchhusten, Hepatitis B (rekombinant) und Haemophilus influenzae b (konjugiert)*	2ª Dosis	Diphtherie, Tetanus, Keuchhusten, Hepatitis B sowie Meningitis und andere durch *Haemophilus influenzae* Typ b verursachte Infektionen
	OPV - *Polio-Impfstoff 1, 2 und 3 (abgeschwächt)*	2ª Dosis	Poliomyelitis (Kinderlähmung)
	Pneumokokken 10-valent *Pneumokokken-Impfstoff 10-valent (kombiniert)*	2ª dosis	Lungenentzündung, Mittelohrentzündung, Meningitis und andere durch Pneumokokken verursachte Krankheiten
	VORH - *Humaner Rotavirus-Impfstoff G1P1 [8] (abgeschwächt)*	2ª dosis	Rotavirus-Durchfallerkrankung
5 Monate	Impfstoff gegen Meningokokken C (kombiniert)	2ª dosis	Invasive Krankheit, verursacht durch *Neisseria meningitidis* Serogruppe C
6 Monate	Pentavalent - *Adsorptionsimpfstoff gegen Diphtherie, Tetanus, Keuchhusten, Hepatitis B (rekombinant) und Haemophilus influenzae b (konjugiert)*	3ª dosis	Diphtherie, Tetanus, Keuchhusten, Hepatitis B sowie Meningitis und andere durch *Haemophilus influenzae* Typ b verursachte Infektionen
	Pneumokokken 10-valent *Pneumokokken-Impfstoff 10-valent (kombiniert)*	3ª dosis	Lungenentzündung, Mittelohrentzündung, Meningitis und andere durch Pneumokokken verursachte Krankheiten
	Saisonale Grippe *(8)* *Grippeimpfstoff (fraktioniert, inaktiviert)*	zwei Dosen	Saisonale Grippe oder Influenza
	OPV (oraler Polio-Impfstoff) - *Polio-Impfstoff 1, 2 und 3 (abgeschwächt)*	3ª dosis	Poliomyelitis (Kinderlähmung)

Alter	Impfstoff	Dosis	Schutz gegen
9 Monate	Gelbfieber (9)	Anfangsdosis	Gelbfieber
	Gelbfieberimpfstoff (abgeschwächt)		
12 Monate	SCR (Dreifach-Virus) (10) - Impfstoff gegen Masern, Mumps und Röteln - SCR Varizellen (11) - Varizellen-Impfstoff (abgeschwächt) Pneumokokken 10-valent - Pneumokokken 10-valent (Konjugatimpfstoff) OPV (oraler Polio-Impfstoff) - Polio-Impfstoff 1, 2 und 3 (abgeschwächt)	1ª dosis	Masern, Mumps und Röteln
		Einzeldosis	Varizellen (Windpocken)
		Bewehrung	Lungenentzündung, Mittelohrentzündung, Meningitis und andere durch Pneumokokken verursachte Krankheiten
		Bewehrung	Poliomyelitis (Kinderlähmung)
15 Monate	DTP (Triple Bacterenan) - adsorbierter Diphtherie-, Tetanus- und Pertussis-DTP-Impfstoff Impfstoff gegen Meningokokken C (Konjugat)	1. Bewehrung	Diphtherie, Tetanus und Keuchhusten
		3ª dosis	Invasive Krankheit, verursacht durch Neisseria meningitidis Serogruppe C
2 Jahre	Pneumokokken 23-valent (12) 23-valenter Pneumokokken-Impfstoff (Polysaccharid)	Einzeldosis	Lungenentzündung und andere durch Pneumokokken verursachte Infektionen
4-6 Jahre	DTP (bakterieller Dreifach-Papillomavirus) - Diphtherie-, Tetanus- und Pertussis-DTP-Impfstoff in Adsorptionsform	2. Bewehrung	Diphtherie, Tetanus und Keuchhusten
	SCR (dreifach viral) Impfstoff gegen Masern, Mumps und Röteln -SCR	2ª dosis	Masern, Mumps und Röteln und

Neue Nomenklatur in Kursivschrift gemäß der Entschließung der Kollegialrichtlinie - RDC Nr. 61 vom 25. August 2008 - Nationale Gesundheitsüberwachungsbehörde - ANVISA
Jahr der Einführung 2010
"Ab dem Alter von 7 (sieben) Jahren folgen die Einheimischen, die keinen Nachweis über eine frühere Impfung haben, dem oben genannten Schema. Wenn sie Unterlagen mit einem unvollständigen Schema vorlegen, vervollständigen sie das bereits begonnene Schema und berücksichtigen die Multidosen.

Quelle: http://www.conass.org.br/arquivos/file/nt_13_calendario_de_vacinacao_indigena.pdf

More Books!

I want morebooks!

Buy your books fast and straightforward online - at one of world's fastest growing online book stores! Environmentally sound due to Print-on-Demand technologies.

Buy your books online at
www.morebooks.shop

Kaufen Sie Ihre Bücher schnell und unkompliziert online – auf einer der am schnellsten wachsenden Buchhandelsplattformen weltweit! Dank Print-On-Demand umwelt- und ressourcenschonend produziert.

Bücher schneller online kaufen
www.morebooks.shop

info@omniscriptum.com
www.omniscriptum.com

OMNIScriptum